Psicologia Educacional

Conselho da coleção
José Sérgio Fonseca de Carvalho
Magda Soares
Marlucy Alves Paraíso
Rildo Cosson

Proibida a reprodução total ou parcial em qualquer mídia
sem a autorização escrita da editora.
Os infratores estão sujeitos às penas da lei.

A Editora não é responsável pelo conteúdo deste livro.
Os Autores conhecem os fatos narrados, pelos quais são responsáveis,
assim como se responsabilizam pelos juízos emitidos.

Consulte nosso catálogo completo e últimos lançamentos em **www.editoracontexto.com.br**.

Maria de Fátima C. Gomes
Marcelo Ricardo Pereira

Psicologia Educacional

SUJEITOS
CONTEMPORÂNEOS

Copyright © 2022 dos Autores

Todos os direitos desta edição reservados à
Editora Contexto (Editora Pinsky Ltda.)

Foto de capa
Kenny Eliason em Unsplash

Montagem de capa e diagramação
Gustavo S. Vilas Boas

Preparação de textos
Lilian Aquino

Revisão
Daniela Marini Iwamoto

Dados Internacionais de Catalogação na Publicação (CIP)

Gomes, Maria de Fátima C.
Psicologia educacional : sujeitos contemporâneos / Maria de
Fátima C. Gomes, Marcelo Ricardo Pereira. – São Paulo :
Contexto, 2022.
144 p.

Bibliografia
ISBN 978-65-5541-205-5

1. Psicologia educacional I. Título II. Pereira, Marcelo Ricardo

22-4088   CDD 370.15

Angélica Ilacqua – Bibliotecária – CRB-8/7057

Índice para catálogo sistemático:
1. Psicologia educacional

2022

EDITORA CONTEXTO
Diretor editorial: *Jaime Pinsky*

Rua Dr. José Elias, 520 – Alto da Lapa
05083-030 – São Paulo – SP
PABX: (11) 3832 5838
contexto@editoracontexto.com.br
www.editoracontexto.com.br

Sumário

Psicologia Educacional: uma introdução......................7

Bebês...17

Crianças pequenas..47

Crianças maiores...63

Adolescentes..83

Professores..105

Psicologia Educacional:
definição, história e problematizações gerais........125

Os autores...141

Psicologia Educacional: uma introdução

A PERSPECTIVA DE SUJEITOS DE NOSSOS TEMPOS

Este livro nasce portando uma novidade necessária: repensar as subjetividades presentes nos mais diversos contextos educativos que fazem parte de nosso tempo e lugar, de nosso presente digital e tecnocrático. A constituição subjetiva e pessoal de nossos bebês, crianças, adolescentes e jovens não é mais a mesma de gerações anteriores. Constituir-se professor ou professora nesses tempos também não se dá mais da mesma forma.

Conhecemos muitos livros sobre Psicologia Educacional ou Psicologia da Educação que são referência na área, tradicionalmente editados, mas o mesmo não se pode dizer daqueles que se debruçam em compreender a constituição subjetiva em um mundo global, digital e performático; em uma sociedade mais hedonista, consumista e virtual; em uma cultura cada vez mais juvenilizada, narcisista, espetacular e com intimidades tão expostas. O mundo mudou, e tanto a Psicologia quanto a Educação também mudaram.

Com o advento da era digital, entendemos que a própria ideia de sujeito se alterou profundamente, exigindo que a Psicologia Educacional revise seus saberes, práticas e teorizações. Hoje, o sujeito contemporâneo é cada vez menos determinado pelas tradições, repressões e metanarrativas que o conduziram até meados do século XX. A contracultura juvenilizada dos anos 1960-1970, a explosão do consumo, as lutas identitárias e, sobretudo, a digitalização da vida nas décadas seguintes liberaram os sujeitos dos ditames da tradição. Desde idade muito precoce, hoje esses sujeitos manejam *games*, *smartphones*, aplicativos virtuais e os chamados *gadgets* tecnológicos, que exigem outras maneiras de desenvolvimento, aprendizagem, formação moral e relações afetivo-emocionais.

As redes sociais, com sua hiperexposição quase sem limite de intimidades, opiniões, acossamentos, e também as exigências de rendimento e performance oriundas da globalização neoliberal e das tecnociências, têm contribuído fortemente para criar uma sociedade hedonista, centrada no prazer imediato, em que prevalecem as imagens ante o real da experiência ou ante os valores simbólicos das instituições modernas, incluindo as educativas. Isso vem produzindo novos modos de subjetivação, ou seja, novas formas de ser sujeito no mundo contemporâneo, sobretudo, no Ocidente, em que se pode assistir a uma transformação sem igual do laço social, das relações políticas e também geracionais.

Devemos reconhecer que essa transformação é um fato incontestável em nossa "civilização pós-moderna". Os valores políticos, sociais, institucionais que serviram de pilares para um modo de ser da modernidade em nossas sociedades ocidentais declinaram. Ideais como república, democracia, justiça social, liberdade, fraternidade, igualdade se encontram severamente desgastados, erodidos, desafiados, quando não ameaçados. Podemos suspeitar que a crise de caráter político do mundo atual também consiste, fundamentalmente, numa crise dos valores modernos. Um desencanto com tais valores se generaliza hoje, pois notamos como uma sociedade regida pelo Estado Democrático de Direito assiste ao solapamento das instituições sociais que já não são capazes de renovar o fio rompido da tradição, de restaurar os velhos organismos políticos, tampouco de fundar novos.

Com a conquista da virtualidade, esse solapamento se acelerou e uma ruptura histórica se deu. O mundo se transformou e pluralizou radicalmente as maneiras de ser. Multiplicaram-se as diversidades. Os sujeitos do século XXI mostram muitas diferenças em relação àqueles dos séculos precedentes.

A proposta deste livro é, portanto, evocar uma Psicologia Educacional que faça dialogar as tradicionais teorizações do campo, já consagradas, com as novas formas de constituição subjetiva nesses tempos de pós-modernidade virtual e imagética. Será uma maneira de atualizar os próprios saberes e práticas da Psicologia Educacional de acordo com o psiquismo de nosso tempo e debatê-lo com a sociedade em geral. Tudo isso é muito recente, e só agora começamos a descortinar alguns saberes preliminares para interpretar o psiquismo.

A TRADIÇÃO DE UM CAMPO

Resultante do encontro de duas grandes áreas do conhecimento, a saber, a Educação e a Psicologia, que visam pensar continuamente a formação das pessoas e suas constituições subjetivas, a Psicologia Educacional tornou-se um campo específico de práticas, saberes e teorizações acerca do que se passa na ordem educativa. Ambas as áreas são essencialmente complementares, como diz Henri Wallon (1879-1962), na construção de processos educacionais sem colonialismos ou hierarquias de uma sobre a outra.

A relação entre processos de ensino, desenvolvimento, aprendizagem; a formação moral, social, política e intelectual; bem como a constituição psíquica, linguística e socioafetiva das pessoas são objetos de estudos fundamentais da Psicologia Educacional. Ela se interessa também por dispositivos, métodos e estratégias educativas, além do próprio funcionamento institucional, a exemplo das escolas, onde tais processos e formações se realizam. Como uma caixa de ferramentas teórico-práticas, esse campo do saber pode ajudar educadores, psicólogos, pedagogos, gestores, socioeducadores, licenciados, entre outros, a repensar, conceber e corrigir a rota de suas ações educativas. Mediante as dificuldades cognitivas, as indecisões subjetivas e as incertezas sociais de crianças, jovens e mesmo de adultos, tais profissionais – em ação ou em formação – têm a chance de operar mudanças efetivas nas vidas das pessoas.

Visa-se com isso alcançar aprendizagens mais significativas, potencializar desenvolvimentos, reverter impasses educacionais, contribuir para a inclusão social dos tidos como diferentes e propiciar ao mesmo tempo a formação ética, comportamental e intelectual de sujeitos educandos e da sociedade como um todo. Processos psicossociais conscientes e inconscientes são ativados a todo tempo nos ambientes educacionais e cabe aos profissionais envolvidos saber operá-los. A Psicologia Educacional pode vir em seu auxílio para esse manejo.

Contamos na história com célebres pensadores que serviram de fontes fundamentais para a construção do campo: Jean-Jacques Rousseau, Alfred Binet, Sigmund Freud, Anna Freud, Édouard Claparède, Jean Piaget, Lev Vigotski, Alexander Luria, Henri Wallon, Maria Montessori, Donald Winnicott, René Spitz, Burrhus Skinner, Carl Rogers, César Coll Salvador e muitos outros. No Brasil, Helena Antipoff, Maria Helena Souza Patto, Mércia Moreira, Regina Helena Campos, Marilene Proença, Marina Massimi, Mitsuko Antunes, Maria Cristina Kupfer e Cláudia Davis são alguns dos nomes referentes da Psicologia Educacional no nosso contexto. Inúmeras pesquisas teóricas, estudos de processos psicológicos e aplicações práticas na Educação foram e são realizados a partir dessas e de muitas outras fontes. É a tradição de um campo, com seu tempo, história e lugar, que, agora, necessita dialogar e fazer avançar a compreensão das novas formas de subjetivação que vemos acontecer hoje.

Eventos como os movimentos identitários e sociais, a contracultura *hippie*, a queda do comunismo e das ditaduras latinas, o surgimento da web e o próprio avanço da cultura norte-americana sobre o planeta alteraram de vez nossos modos de existência. Muitos desses célebres pensadores já anteviam algumas dessas alterações e não nos esconderam, mas, decisivamente, elas vêm acontecendo de maneira tão convulsiva que ainda estamos sob seu assombroso impacto.

Digamos que, em um lapso reduzido de tempo, estamos passando da "civilização moderna", em que pese os valores simbólicos institucionais, à "civilização pós-moderna", diluída nos valores imaginários da virtualidade: "tudo que era sólido derrete-se no ar, tudo o que era sagrado é profanado", como anteviram Marx e Engels nos idos de 1848.

O QUE PROPOMOS

Um livro que pretende recolocar os modos de subjetivação de nosso tempo no epicentro do debate não poderia deixar de dar relevo ao próprio sujeito como tema central. Ele é nosso pilar conceitual. Então, escolhemos abordá-lo de acordo com as temporalidades da vida de toda pessoa que se encontra em nosso meio educacional, com suas especificidades de desenvolvimento, lógicas constitutivas, processos de linguagem e formação ético-moral. Nossas escolas, creches, centros socioeducativos e demais instituições educacionais acolhem pessoas em diferentes tempos da vida, contribuindo decisivamente para suas constituições subjetivas.

Eis, portanto, outra novidade deste livro: em vez de abordar conceitos gerais a partir dos principais aportes de pensadores consagrados da Psicologia Educacional, recolocamos o sujeito no epicentro do estudo e abordamos suas temporalidades de vida como norteadoras de nossas teorizações. Assim, desenvolvemos em cada capítulo, separadamente, a constituição da subjetividade de bebês, de crianças pequenas, de crianças maiores e de adolescentes baseada em casos empíricos. Partimos, então, dos diferentes sujeitos de nosso tempo (a quem agradecemos pela

Psicologia Educacional

participação em nossas pesquisas), de suas materialidades, experiências e lógicas de subjetivação, para chegar, quando necessário, às teorias gerais de pensadores do campo. Ou seja, partimos da vivência à teoria, e não o contrário, como habitualmente se acha na maioria de obras similares. Julgamos essa escolha importante para dar relevo à prática, aproximá-la de construtos teóricos novos e já existentes, bem como para aproximar o leitor, ele mesmo, dos sujeitos em formação que este livro pretende abordar.

O estudo da subjetividade de bebês não é comum em tais obras. Em geral, os livros de Psicologia Educacional ou da Educação se alinham à Psicologia Escolar. E, como num passado recente bebês eram raramente escolarizados, na maioria desses livros, a análise da constituição subjetiva de bebês está ausente, relegada apenas às obras sobre o tema do desenvolvimento. Mas, tendo em vista a educação massiva de bebês em instituições de ensino infantil de hoje, preenchemos essa lacuna apresentando um capítulo específico para o tema. Estamos numa sociedade que educa seus integrantes cada vez mais precocemente, e devemos construir saberes sobre isso.

Não obstante, julgamos fundamental incluir ainda um estudo sobre a subjetividade do professor e da professora, tendo em vista serem eles atores ímpares na relação pedagógica e no processo de educabilidade dos pequenos. Porém, raramente, e apenas de maneira indireta, um estudo como esse compõe outros livros do campo. Ao contrário, pensamos ser a reflexão sobre a subjetividade de professores tão necessariamente importante quanto a subjetividade de bebês, crianças e adolescentes que se encontram em nossos ambientes educacionais.

Então, esquematicamente, apresentamos os capítulos que compõem o presente livro:

- No capítulo "Bebês", introduzimos as temporalidades da vida e dedicamos estudos sobre o desenvolvimento infantil de bebês, seguindo a determinação de idades de documentos brasileiros de educação infantil. Tais documentos caracterizam bebês como tendo de 0 a 18 meses. Problematizamos o fator da idade cronológica como suficiente ou não para compreender tal desenvolvimento; analisamos as relações biológico-culturais para dar conta da constituição psíquica infantil; e como se constitui a subjetividade desses pequenos seres na sua apropriação do mundo. Para desenvolver esses estudos, tomamos como base a Psicologia Histórico-Cultural para nossas análises empíricas e conceituais.

- No capítulo "Crianças pequenas", examinamos os documentos brasileiros da educação infantil, que determinam a idade de 18 a 36 meses para esses sujeitos. Sob a perspectiva da experiência investigativa, analisamos quem são tais crianças, como se desenvolvem, como se constituem e como são, então, educadas. Henri Wallon e Lev Vigotski nos ajudam a construir nossos argumentos sobre o desmame desses pequenos sujeitos, suas brincadeiras e suas zonas de desenvolvimento iminentes.

- No capítulo "Crianças maiores", que corresponderiam, aproximadamente, a sujeitos de 3 a 11 anos, continuamos com a experiência investigativa para analisar como se constituem tais sujeitos, em especial, no momento de pandemia de Sars-CoV2 (covid-19). Com base nos aportes de Lev Vigotski, refletimos sobre seus processos de desenvolvimento, bem como a conquista da afetividade simbólica e da afetividade categorial.

- No capítulo "Adolescentes", analisamos quem são esses sujeitos no século XXI e como ocorrem suas transformações corporais, sociocognitivas e psicossociais, podendo resultar num difícil processo de educabilidade. Examinamos a história da adolescência, que é recente, para entender por que nossa sociedade atual tem rapidamente se juvenilizado. Com contribuições de Sigmund Freud, Jean Piaget e Lev Vigotski, analisamos quais seriam as consequências disso para os modos de subjetivação de adolescentes numa cultura cada vez mais narcisista, performática e digital.

- No capítulo "Professores", interrogamos como ser docente de crianças e adolescentes do século XXI. Em tempos de digitalização da vida, interesses difusos, banalização da violência e precarização das condições de trabalho e remuneração, refletimos sobre o mal-estar subjetivo de professores, o sofrimento laboral e as múltiplas demandas que recaem sobre eles. Na sociedade pós-moderna, marcada pelo declínio dos valores simbólicos em favor da virtualidade imaginária, analisamos como a atitude de interessar-se pelo aluno, pela aluna, acolher suas diferenças e propiciar o desejo de saber podem recuperar a força moral de docentes para atuar em situações de incerteza e complexidade.

- No capítulo "Psicologia Educacional: definição, história e problematizações gerais", concluímos o livro, abordando os diferentes entendimentos dos psicólogos em relação ao que concerne à Psicologia no meio educacional e escolar. Debatemos as diversas nomeações para o campo, como Psicologia da Educação, Psicologia na Educação, Psicologia e Educação, Psicologia Escolar e Educacional, Psicologia Educacional, a fim de entender seus alinhamentos e diferenças, a história desse campo do saber no Brasil, bem como o que reiteramos como prática inclusiva e não individualizante no que concerne a sujeitos em formação de nosso tempo e lugar.

QUADRO 1

Em vários capítulos, introduzimos pequenos quadros de citação original de autores de referência, de dados biográficos e empíricos ou, ainda, de leituras recomendadas para o aprofundamento de estudos por parte dos leitores.

Eis, portanto, o livro que apresentamos a profissionais e estudantes das áreas da Educação e da Psicologia, bem como ao grande público interessado em temas do campo. Consideramos ser uma fértil oportunidade de discussão da Psicologia Educacional de nosso tempo e lugar, a fim de que outros, além de nós mesmos, possam reescrever e aprofundar os temas que este livro contém. A dinâmica célere do mundo atual requer verdadeiramente que o façamos.

Bebês

O QUE SE DESENVOLVE DE 0 A 18 MESES?

Neste capítulo vamos nos dedicar a estudar o que conta como desenvolvimento infantil de bebês seguindo a determinação de idades dos documentos brasileiros de educação infantil que caracteriza os bebês entre 0 e 18 meses. Algumas perguntas guiam nosso percurso: o fator idade cronológica é suficiente para compreendermos este desenvolvimento? Como estudar as relações biológico/cultural para compreender o desenvolvimento infantil? Como nos apropriamos do mundo? Como se constitui a subjetividade desses pequenos seres?

Para desenvolver nossos estudos, tomaremos como base da Psicologia Histórico-Cultural o fundamento de que somos seres histórico-culturais, e que o biológico por si só não nos torna humanos. Tornamo-nos humanos na presença de outros seres humanos. A própria constituição da espécie humana levou milhões de anos até aqui, e continua se modificando. Dessa forma, para se entender o desenvolvimento cultural de bebês no e do século XXI, será preciso entender a gênese (origem e transformações ao longo do tempo) que possibilitou a constituição dos seres humanos que somos na atualidade. Frequentemente ouvimos alguém dizer que as crianças do século XXI são mais inteligentes e espertas do que as crianças do século XX. Entretanto, vamos discordar dessas constatações do senso comum e introduzir a visão histórica e dialética da constituição do ser humano como humano com base nos seguintes domínios genéticos: sociogênese, filogênese, ontogênese e microgênese, de acordo com Lev Vigotski (1896-1934) e Alexander Luria (1902-1977).

A sociogênese é a gênese da constituição social e cultural do ser humano como humano; a filogênese é a gênese da espécie humana; a ontogênese é a gênese do indivíduo humano e a microgênese é a metodologia usada para se entender essas transformações, ou seja, do ancestral em comum com o macaco ao homem primitivo, do homem primitivo ao homem cultural da atualidade, isto é, o desenvolvimento do indivíduo humano. Cada período deve ser estudado considerando suas particularidades; sendo assim, a ontogênese não repete a filogênese, ou seja, o percurso do indivíduo não reproduz o percurso da espécie.

Portanto, nosso olhar para os bebês do século XXI não é daquele que considera uma possível superioridade deles em relação aos outros bebês e crianças de séculos anteriores. Nosso olhar é o da diferença cultural, histórica, social que atualiza o biológico. Sendo que biológico-sociocultural formam uma unidade indivisível para se compreender esses desenvolvimentos, pois, como defende Henri Wallon (1879-1962), somos seres geneticamente sociais. Ou seja, não há uma visão determinista sobre o biológico ou sobre o social para constituir os seres humanos, ambos estabelecem uma relação dialética, isto é, são conceitos e práticas que estão em constante transformação, em movimento. O corpo biológico é também social, pois o biológico se atualiza em contato com as culturas, que se modificam o tempo todo.

Neste livro dialogamos essencialmente com as obras de Vigotski e Wallon. Partimos do princípio de que só conhecemos uma obra se conhecermos o seu autor e as condições de produção de suas obras. Nesse sentido, é importante saber: quem foi Vigotski? Quem foi Wallon?

QUADRO 1

Lev Semionovitch Vigotski (1896-1934)

Vigotski nasceu em 17 de novembro de 1896 em Orsha, cidade próxima à Minsk, capital da Bielorrússia. Sua biografia escrita por Guita Lvovna Vigodskaia (sua filha) e Tâmara Mikhailovna Lifanova, publicada em 1996, é um registro detalhado de toda a trajetória de Vigotski vista pelo olhar dos amigos, colaboradores e inimigos. E é também o ponto de vista da filha, que narra histórias emocionantes vividas com o pai. Após a escola secundária na cidade de Gomel, Vigotski fez seus estudos universitários em Direito, Filosofia e História em Moscou, a partir de 1912. Durante seus estudos secundários e universitários, adquiriu excelente formação no domínio das ciências humanas. Aos 20 anos, escreveu um volumoso estudo sobre Hamlet. Poesia, teatro, língua e a questão dos signos e da significação, teorias da literatura, do cinema, temas de História e de Filosofia, tudo o interessava vivamente, antes de que se dedicasse à pesquisa em Psicologia. É importante notar que a primeira obra de Vigotski, que o conduziu definitivamente para essa área, foi *Psicologia da arte* (1925). Após a universidade, Vigotski retorna a Gomel, onde se dedica a atividades intelectuais muito diversificadas: ensina Psicologia, começa a se preocupar com os problemas das crianças deficientes, continua seus estudos sobre teoria literária e Psicologia da arte. Após os primeiros sucessos profissionais em Psicologia (palestras em congressos nacionais), instala-se em Moscou, em 1924, tornando-se colaborador do Instituto de Psicologia. No período de uma prodigiosa década (1924-1934), e cercado por um grupo de colaboradores (com destaque para Luria e Leontiev) apaixonados como ele pela elaboração de uma verdadeira reconstrução da psicologia, Vigotski cria sua teoria histórico-cultural dos fenômenos psicológicos com base nos princípios teórico-metodológicos do método do materialismo histórico-dialético com o objetivo de compreender o desenvolvimento cultural das crianças.

Ao longo desse breve período de pesquisa, Vigotski escreveu cerca de duzentas obras, das quais se perdeu uma parte. A fonte principal continua sendo as *Obras Completas*, publicadas em russo entre 1982 e 1984 e traduzidas ao espanhol – por Amelia Alvarez e Pablo del Rio de 1993 a 1995 – como *Obras Escogidas*. Contudo, ainda que intitulada *Obras Completas*, esta publicação não contém todas as obras que foram preservadas. A bibliografia mais completa dos trabalhos do pensador russo, assim como a lista de traduções de suas obras e dos estudos que lhe são dedicados, figuram no Tomo VI das *Obras Completas*. Suas obras chegam ao Brasil na década de 1980 traduzidas do inglês para o português e com muitos cortes. A partir dos anos 2000, pesquisadores que adotam a Psicologia Histórico-Cultural com base em Vigotski passaram a adotar as *Obras Escogidas* como a base para seus trabalhos, em virtude de as primeiras traduções do inglês para o português apresentarem muitos cortes do pensamento de Vigotski, principalmente os relativos à influência do materialismo histórico-dialético e da filosofia monista de Espinosa. Outras questões e a necessidade de aprofundamento de nosso entendimento da obra de Vigotski surgiram com a publicação, em 2012, da tese de doutorado de Zóia Ribeiro Prestes, que analisa as traduções desta obra do inglês para o português e do russo para o português. Três questionamentos são fundamentais: 1) a palavra *"Obutcheine"*, traduzida para o inglês como *"learning"* e para o português como "aprendizagem", no dizer de Prestes significa "instrução". Nas *Obras Escogidas*, o termo *"Obutcheine"* foi traduzido como *"instrucción"*.

Há uma polêmica no Brasil no que se refere ao uso dessa palavra, e muitos pesquisadores preferem adotar "ensino", sendo que outros vêm usando "instrução" e explicando o seu significado para além dos manuais de instrução da Psicologia behaviorista; 2) a palavra *"Retch"* foi traduzida para o inglês como *"language"* e para o português como "linguagem". Segundo Prestes, a tradução mais adequada seria "fala"; 3) A expressão *"zona blijaichevo razvitia"* foi traduzida para o inglês como *"zone of proximal development"* e para o português como "zona de desenvolvimento proximal". Prestes questiona também a tradução de Paulo Bezerra, do russo para o português, que propõe "zona de desenvolvimento imediato". Prestes conclui que a tradução mais adequada deve ser "zona de desenvolvimento iminente", porque não há como definir tempo (próximo ou imediato) para o desenvolvimento de crianças, jovens e adultos, pois esta é uma zona de construção de possibilidades de desenvolvimento e não há garantia nenhuma de que acontecerá o desenvolvimento, muito menos de que ele se dará para todos do mesmo jeito, com o mesmo conteúdo e tempo.

Portanto, há que se prestar atenção a essa fundamental questão acerca das traduções não apenas da obra de Vigotski, pois não se traduz apenas palavras, frases ou textos, mas conteúdo e forma de se dizer, pensar e sentir o mundo, de se produzir sentidos e significados culturais para o que bebês vivenciem em diferentes tempos históricos, em diferentes culturas. A obra de Vigotski é, portanto, fundamental para nossos estudos do desenvolvimento cultural infantil.

Psicologia Educacional

QUADRO 2

Henri Wallon (1879-1962)

Henri Paul Hyacinthe Wallon nasceu na França em 15 de junho de 1879 e faleceu em 1º de dezembro de 1962. Foi um filósofo, médico, psicólogo e político francês. Tornou-se conhecido por seu trabalho científico sobre Psicologia do Desenvolvimento, devotado principalmente à infância. Dedicou-se a estudar as relações entre desenvolvimento e educação. Em 1899, Wallon foi admitido na Escola Normal Superior. Aos 23 anos, em 1902, formou-se em Filosofia pela Escola Normal Superior e, em 1908, formou-se em Medicina, tendo trabalhado com crianças portadoras de deficiência mental de 1908 a 1931. Em 1920, passou a lecionar na Sorbonne, Universidade de Paris. Em 1925, publicou sua tese de doutorado intitulada *A criança turbulenta*, iniciando um período de intensa produção literária na área de Psicologia da Criança. Em 1927, Wallon foi nomeado diretor de estudos da École Pratique des Hautes Études (Escola Prática de Estudos Avançados) e criou o Laboratório de Psicobiologia Pediátrica no Centro Nacional de Pesquisa Científica. Wallon atuou como professor do Collège de France, no Departamento de Psicologia da Infância e Educação, no período que vai de 1937 a 1949. Participou ativamente da Reforma de Ensino Francês – de 1945-1947 – Projeto Langevin-Wallon com uma diretriz central (uma educação mais justa para uma sociedade mais justa).

Segundo Zazzo, no livro *Henri Wallon: psicologia e marxismo*, a luta de Wallon por uma educação e sociedade mais justas tem raízes no clima familiar de interesse pelas coisas públicas, como, por exemplo, quando seu pai leu para ele e seus irmãos fragmentos de *Os castigos*, de Victor Hugo, por ocasião da morte do poeta, levou-os para conhecer a casa onde vivia o escritor e disse-lhes que o poeta sempre havia lutado contra os tiranos. Wallon tinha, então, 6 anos. Nota-se, então, que o olhar para os outros e não apenas para si mesmo era uma prática cultural da família de Wallon.

Na Psicogenética de Henri Wallon, a dimensão afetiva ocupa lugar central tanto do ponto de vista da construção da pessoa quanto do conhecimento. O método usado por ele nesse entendimento é o materialismo histórico-dialético, porque Wallon desejava saber as origens e transformações ocorridas nesse processo. A dialética, diz Wallon, permite estudar o desenvolvimento infantil considerando os movimentos, as contradições internas, os conflitos e as relações entre os fenômenos, e não em isolamento.

No começo da vida do recém-nascido, a afetividade reduz-se praticamente às manifestações fisiológicas da emoção, que constitui o ponto de partida do psiquismo (do sentir e do pensar o mundo). Entretanto, para além de desejar compreender o psiquismo das crianças, esse pensador tinha um projeto de construir uma ciência do homem, de compreender a personalidade total, a formação da pessoa, não apenas de sua inteligência. Assim, a teoria psicogenética, histórico-cultural de Wallon é também fundamental para nossos estudos do desenvolvimento de bebês.

QUEM SÃO OS BEBÊS COM OS QUAIS VAMOS DIALOGAR?

Já anunciamos que vamos estudar o desenvolvimento infantil a partir dos sujeitos/pessoas que vivenciam esse desenvolvimento, sem, no entanto, ter a pretensão de estabelecer padrões ou modelos de desenvolvimento. Neste capítulo, nossos atores sociais são: um bebê de 0-18 meses (Tiê) e Valéria, Henrique, Maria e Sofia, nascidos em 2016, que frequentaram uma escola de educação infantil (dos 7 meses aos 3 anos) e que, devido à pandemia da Sars-CoV2 (covid-19), interromperam essa frequência até final de 2021. Essas crianças participaram de um "Programa de Pesquisa Infância e Escolarização" (2017-2020), que tem o objetivo de compreender o desenvolvimento cultural de bebês e crianças pequenas em contextos coletivos de educação.

Tiê nasceu em plena pandemia da covid-19, de etnia branca, primeiro filho do casal, brinca em ambientes dentro e fora de sua casa (com seus pais prioritariamente), com brinquedos fabricados e com material que encontra na natureza; locomove-se em cimentos, terra e grama. Ele brinca com a matéria-prima da natureza, como grama, terra, água, gravetos, pedras – desde os 2 meses, vivencia as maravilhas de cachoeiras, tem piscina artificial no quintal da casa, adora água – não se incomoda se está fria – e convive com cachorros diariamente. Tiê convive também com os avós paternos, uma tia e seu marido (além dos filhos de ambos) e dois primos mais velhos. Do lado materno, convive com a avó, a tia madrinha e seu marido, duas tias-avós e com a bisavó de 95 anos, que está lúcida e bem de saúde. Por conta da pandemia, conhece apenas por meio virtual o tio materno e sua esposa e filhas que vivem em outro estado, e um priminho mais velho que Tiê apenas 6 meses, que vive com os pais nos Estados Unidos. Ele é neto da primeira autora deste livro.

Valéria nasceu em 2016, reside com os pais, uma irmã adolescente e a avó. Conforme ficha de matrícula, a família residia em uma casa cedida em região que não é considerada de risco. Segundo sua família, ela é de etnia branca. Desde os primeiros dias na escola infantil, Valéria apresentou ações e interações diferenciadas de seus colegas, raramente chorava, comunicava-se frequentemente com os adultos, com sorrisos, dando tchau, mandando beijo com um olhar muito expressivo e, logo depois dos 10 meses, também se comunicava por meio da fala. Gostava muito de atividades coletivas como dançar, ouvir estórias, dramatizações, brincar na piscina de bolinhas, atravessar as almofadas vazadas, folhear livros dispostos no tapete do berçário, desenhar e escrever com giz na parede e no chão do parquinho, assim como de desenhar e escrever nos cadernos das pesquisadoras.

Henrique mora com a mãe e o pai. Eles residem em moradia própria em um bairro que não é considerado de risco. Sua família o declarou pardo. Ele chegou a essa turma aos 12 meses de idade, em abril de 2017, andando com as próprias pernas, porém, estranhou e chorou bastante nos primeiros dias, por estar entre adultos e bebês que não conhecia. Depois, passou a se envolver com as atividades coletivas como dançar, ouvir estórias, dramatizações, brincar na piscina de bolinhas, atravessar as almofadas vazadas, folhear livros dispostos no tapete do berçário e gostava muito de ser o ajudante da professora.

Henrique e Valéria criaram laços de amizade logo que começaram a frequentar a escola infantil. Desde os 10 meses de idade, Valéria, ao ouvir Henrique chorar, chamava a atenção da professora cutucando-a e dizendo: *"que... que"*. Aproximava-se dele e lhe fazia um carinho, em um contexto coletivo de cuidado e educação. Isso evidencia que os bebês são seres sociais, que se preocupam com a dor do outro, que cuidam uns dos outros desde muito cedo.

Sofia entrou para a mesma turma de berçário de Valéria e Henrique aos 7 meses de idade. Sua mãe trabalhava na cantina da escola e declarou Sofia como parda. Vivia com o pai, a mãe e as irmãs. Sofia era muito comunicativa com os adultos e as outras crianças, gostava de brincar de "cozinhar", de "mãe-filha" e da brincadeira de roda.

Maria entrou aos 10 meses na mesma turma de berçário de Valéria, Henrique e Sofia. Passava mais tempo sob os cuidados da avó materna, pois sua mãe vivia em outra casa; seu pai não chegou a conhecer. Sua avó a declarou como parda. Vivia com a avó e uma irmã. Maria era a mais alta da turma, gostava de "implicar" com os colegas e depois fazer as pazes. Gostava de brincar de roda, ouvir estórias e manusear os livros no chão e na estante da sala do berçário.

Maria e Sofia também criam laços de amizade desde o berçário, revelados nas brincadeiras em que as duas são protagonistas como de "mãe e filha" e "brincando de roda", conforme aparece em estudos sobre as origens culturais das brincadeiras de bebês no Programa de Pesquisa Infância e Escolarização.

O QUE SE DESENVOLVEU
E COMO SE DESENVOLVERAM ESSES BEBÊS?

Esses e todos os outros bebês humanos nascem com um aparato biológico, um complexo sistema de funções que têm origem em espécies animais surgidas antes do *Homo*, e que, ao longo da filogênese, sofreram múltiplas transformações por influência de fatores climáticos e ambientais possibilitando o aparecimento da espécie *Homo sapiens*, da qual fazemos parte. Essas transformações incidem na ontogênese do bebê humano, sem repetir a filogênese, o que nos leva a querer compreender como essas transformações acontecem. Sendo assim, o mais importante é compreender como a condição biológica inicial do recém-nascido se modifica.

Dessa forma, nos primeiros dias de nascido, o contato do bebê com o mundo é predominantemente por meio dos reflexos de sucção, da preensão, do plantar do pé (Reflexo de Babinski), de abraço (Reflexo de Moro), que são a condição de inserção do recém-nascido na cultura. O choro, outra forma de conexão, é o meio que os bebês têm de expressar desconforto por causa da fome, da dor, do frio ou calor, da posição corporal. Ele é um tipo de linguagem antes da linguagem falada, assim como os espasmos do corpo e, depois, a agitação da cabeça, das pernas e dos pés. É fundamental se compreender a diferenciação do tônus muscular (músculos contraídos ou relaxados – hipertônicos ou hipotônicos, respectivamente) dos bebês, pois sem a transformação dos músculos não há desenvolvimento psicomotor.

Inicialmente, o desenvolvimento é predominantemente orgânico e depois predominantemente social, sendo que um não existe sem o outro, embora muitas vezes sejam vistos como contrários. Percebam que, por volta dos 2 meses, ao firmarem os músculos do pescoço, os bebês arrastam-se na horizontal para frente, para trás, para os lados; logo depois, perto dos 6 meses de idade, começam a firmar a coluna vertebral e podem sentar, inicialmente com ajuda dos adultos, de almofadas ou coisa parecida, passando na sequência a sentar-se por conta própria. Avançam no desenvolvimento psicomotor com movimentos de engatinhar com joelhos e mãos e com mãos e pés. O sorriso é agregador, mantém os bebês integrados aos adultos, é uma marca muito importante na comunicação deles, como demonstraram diferentes pesquisadores e psicólogos.

A partir dos 12 meses, essas crianças começam a ficar em pé, imitando os seres humanos com os quais convivem. Iniciam a marcha do andar segurando-se nas coisas e nas pessoas, e depois andando com as próprias pernas. A atividade sensório-motora, ou seja, a atividade que envolve os órgãos dos sentidos e as ações motoras dos bebês, prioritária até aqui, é a condição para os bebês manterem contato com o mundo e nele sobreviverem. Junto a tudo isso, os balbucios estão acontecendo desde os 7 ou 8 meses de idade, transformando-se em uso de palavras-frase muitas vezes "inventadas", imitando os sons que ouvem de outras pessoas. Entretanto, não são palavras aleatórias, estão situadas nos contextos de convivências dessas crianças, nas vivências com os adultos e outras crianças. Junto às palavras, usam frases que para nós, adultos, não fazem sentidos, mas certamente têm sentido para eles mesmos. Inicialmente, falam uma palavra-frase ("api" significando água), depois duas palavras- frase ("qué api") e formulam a frase inteira (Fulano "qué api"). Então, finalmente, fazem uso da palavra "Eu" ("Eu quero água").

De acordo com Vigotski, esse movimento evidencia o processo de constituição da subjetividade dos bebês, ou seja, a direção do desenvolvimento do social para o individual, da simbiose à diferenciação do Eu em relação aos outros. Portanto, no primeiro ano de vida, movimento e "funções psicológicas superiores", afeto e cognição, tudo está conectado, um não existe sem o outro, um constitui o outro, e isso continua ao longo de todo o desenvolvimento do bebê e da criança, sendo a marca da humanidade que nos diferencia dos outros animais.

Entretanto, cada uma dessas crianças vai apresentar conteúdos e formas de desenvolver diferenciados, em tempos próprios. Cada família se organiza e possibilita contatos com culturas que vão formatar esses desenvolvimentos. Não só a cultura do núcleo familiar, escolar, mas também do tempo histórico e político em que vivemos, como o contexto da pandemia da covid-19.

Dessa forma, compreender as singularidades, as particularidades dessas crianças, é necessário para evidenciar saltos e retrocessos, idas e vindas, conflitos, contradições internas nesse processo de desenvolvimento que não é linear, nem progressivo. Cada idade tem suas peculiaridades, pois sofre modificações de acordo com a situação social de desenvolvimento, ou seja, com os meios e as vivências históricas e culturais das crianças e dos adultos.

DESMAME LIDERADO POR BEBÊS, CAMA COMPARTILHADA E AMAMENTAÇÃO POR LIVRE DEMANDA: O QUE SE DESENVOLVE?

Recentemente, foram introduzidas na educação das crianças práticas culturais que afetam o desenvolvimento, tais como a orientação de adotar o método de alimentação BLW (*baby-led weaning* – "desmame liderado por bebês") e de dormir em cama compartilhada.

O método BLW consiste em incentivar os bebês, a partir dos 6 meses de idade, a se alimentarem com as próprias mãos ao serem introduzidos a alimentos sólidos. Ou seja, os alimentos não são transformados em sopas ou papas e não são misturados uns com os outros.

Essa prática cultural divide as opiniões de pediatras e pais. Há argumentos, por um lado, que apontam benefícios como:

1. crescimento ideal e redução da obesidade, devido ao controle e à autorregulação do apetite;
2. melhora da coordenação/desenvolvimento motor;
3. melhora da fala, devido ao fortalecimento dos músculos da boca e da mandíbula;
4. aprimoramento dos padrões alimentares, tornando a criança um comedor menos exigente.

Por outro lado, os argumentos apontam o seguinte:

1. aumento do risco de engasgo;
2. crescimento deficiente devido à ingestão insuficiente;
3. baixa ingestão de ferro, devido ao consumo limitado de carne e de cereais fortificados com esse mineral.

Portanto, há que se colocar na balança todos os argumentos aqui apresentados, pois é como as mães de Tiê e de Giovanna (uma das personagens do próximo capítulo, com 2 anos e 6 meses à época da escrita deste livro) dizem: não há que se adotar práticas alimentares radicalizadas, mas sim fazer uso tanto da alimentação com as mãos pelos bebês quanto da alimentação ofertada pelos adultos em colheres que lhe garantam uma nutrição efetiva. Veja que práticas culturais de se alimentar com as mãos, adotadas em outras culturas como a indiana, convivem com práticas culturais de uso de talheres, desde os bebês. Práticas que levam as pessoas a constituir diferentes subjetividades, em constante transformação.

Outra prática cultural recente entre famílias ricas ou de classe média alta, dormir em cama compartilhada, é também motivo de muitas polêmicas. A prática prevê um berço acoplado à cama dos pais com o objetivo de facilitar a amamentação e o sono do bebê e de seus cuidadores. Importante assinalar que em famílias com poucos recursos financeiros essa prática existe desde sempre, porém, os bebês dormem na mesma cama dos pais, que não podem comprar um berço, ou moisés, por exemplo. O argumento contra mais usado é a possibilidade da morte súbita por sufocamento do bebê. Entretanto, argumentos a favor dizem que, quando a cama é compartilhada, a amamentação tem duração maior, ou seja, a amamentação no peito é facilitada. A polêmica está presente no mundo todo, e mais estudos são necessários acerca dessa prática. Por ora cabe aos pais a decisão de fazer uso ou não da cama compartilhada.

Os pais de Tiê e de Giovanna adotam essas práticas, o que trouxe desconfortos ou choques culturais entre gerações – avós que educaram e cuidaram de seus filhos e filhas sob outra prática cultural, como dormir em camas separadas e iniciar a alimentação sólida com papinhas, misturando os alimentos para garantir uma nutrição saudável e rica aos bebês. As avós e avós que criaram seus filhos no século XX partiam – e muitos ainda partem – do princípio de que os bebês não sabem escolher os alimentos nem a quantidade necessária para ficarem bem nutridos. Somente quando os bebês manifestavam vontade de usar as próprias mãos para comer é que talheres adequados para sua idade eram oferecidos. O uso das mãos ficava reservado para frutas e nunca para legumes, verduras, carnes, arroz e feijão. São muitas as mudanças de cultura envolvendo, por exemplo, como amamentar, quando amamentar – se "por livre demanda", a qualquer momento que os bebês demandem a amamentação, ou seja, no tempo deles –, o modo de dormir (se em cama compartilhada ou separada), de alimentar-se (se com as próprias mãos escolhendo o que comer ou não). Desde os primeiros dias de vida, os bebês estão expostos à luz natural, às conversas familiares, hoje já não ficam amarrados em cueiros como os bebês no século XX. Todas essas mudanças constituem bebês muito diferentes, mas não necessariamente mais inteligentes e espertos que outros, ou seja, desenvolvem inteligências e espertezas diferenciadas, situadas no tempo histórico e cultural de suas vivências.

O QUE SE DESENVOLVEU NOS 18 MESES DE VIDA DE TIÊ?

No primeiro mês, marcas do humano vão constituindo Tiê por meio dos indícios do sorriso, do choro, do olhar que se fixa nas pessoas que cuidam dele; ele acompanha com o olhar os movimentos delas, principalmente de sua mãe, quando está no "bebê conforto".

Aos 2 meses, intensifica-se o acompanhamento dos movimentos de sua mãe com o olhar, aumenta os movimentos do corpo, pés e mãos, firma o músculo do pescoço e olha em volta, emite alguns sons, o que nos indicia uma maior entrada na vida social da família por parte de Tiê. Ainda aos 2 meses, experimenta as águas de uma cachoeira próxima de onde vivia com seus pais – "foi conhecer mamãe Oxum", disse sua mãe. Comunicava-se com os familiares, sorrindo, chorando, movimentando braços, pernas e cabeça e soltando sons variados. Gostava de ouvir conversas e cantorias com eles.

Aos 3 meses, Tiê se mostra muito risonho, mexendo braços e pernas a todo o tempo, prestando atenção ainda involuntária promovida pelos movimentos e sons externos a ele – desenvolvendo muito a percepção da presença da mãe e do pai, de tios maternos e paternos, primos e avós maternos e paternos.

Ao completar 4 meses, não tivemos contatos presenciais, apenas virtuais, por causa da situação da pandemia da covid-19, que naquele momento se agravou no Brasil. Entretanto, por meio de pequenos vídeos e fotos pudemos ver os músculos do pescoço tornarem-se mais rígidos e a comunicação de Tiê com os pais aumentar enormemente. Agora sorri, chora e reivindica participar das conversas.

Aos 5 meses, pela primeira vez, Tiê fez movimentos de virar o corpo todo em sentido horário, fez uma volta de 360º graus na cama de sua avó materna. Os balbucios se tornam constantes, imitando os sons da voz humana, ele se mostra muito sorridente, expressivo e sensível – não fica muito tempo sem sua mãe. Os estranhamentos começaram a aparecer, chorando de leve, mas logo depois se acalmava e ficava muito bem. Em tempos de pandemia, os bebês têm estranhado mais as outras pessoas fora de seu convívio do núcleo familiar – pai e mãe. Também no quinto mês ele experimenta se virar de um lado, mas sem conseguir virar de volta. Os movimentos psicomotores se intensificam, ele brinca com alguns brinquedos dependurados em uma cadeirinha onde ele gosta muito de se balançar, e fica atraído pelo celular de sua mãe, pelos controles remotos e por tudo que está no seu campo de visão. Agora pessoas e objetos atraem sua atenção, o diálogo tônico, aquele realizado por meio dos movimentos psicomotores, como, por exemplo, gestos, abraços, birras, apontar o que quer com o dedo indicador, está em franca expansão, promovendo a integração de Tiê ao mundo de suas famílias, por meio das conversas, brincadeiras, cantorias, músicas.

Aos 6 meses, notam-se saltos de desenvolvimento muito interessantes. Tiê já vira de um lado e de outro, às vezes faz a volta e outras vezes não e precisa da ajuda dos adultos. Movimenta-se deitado de bruços em sentido horário. Senta-se com ajuda e se alimenta de frutas e legumes. Brinca com brinquedos e pessoas, solta gargalhadas com sua mãe. Tem uma ótima coordenação motora, sempre carrega em suas mãos um brinquedo ou objetos como caixa de papelão, que logo se transformam em brinquedos que prefere em relação aos industrializados.

Ouvir música, tocar tambor e pandeiro, cantar, ler livros, operar com computadores, tablets, celulares, controles remotos, ter contato direto com a natureza são práticas culturais diárias na família de Tiê.

Observamos desde os 6 meses seu vivo interesse pelo tambor, instrumento de percussão tocado por seu pai. Também podemos observar a alegria quando ele pode entrar na água, seja ela de uma cachoeira, de uma piscina artificial, do balde ou banheira de banho, ou ainda a água que sai da mangueira do quintal de sua casa, num sítio, no interior de Minas Gerais. Os livros infantis também fazem parte do *ethos* da família. Tiê ouve estórias infantis desde os 2 meses de idade e desde essa época demonstrou muito interesse nas ilustrações, prestando atenção à contação dessas estórias por sua mãe.

Aos 7 meses falou a primeira palavra: "mamã" quando quis ir do colo de sua avó materna para o colo de sua mãe. Entretanto, houve um retrocesso e ele não repetiu "mamã", recorrendo prioritariamente ao choramingo ou à extensão dos bracinhos quando queria o colo da mãe. Interessante notar que esses retrocessos são recorrentes e são superados no curso do desenvolvimento de todos os bebês.

A partir dos 10 meses observamos um salto qualitativo em seu desenvolvimento quando Tiê começou a fazer uso constante e direcionado da palavra "mamã" e engatinhando-se até ela, por exemplo. Aos 12 meses, ele faz uso de "mamã" direcionando-se a sua mãe regularmente, andando e pedindo colo ou mesmo engatinhando. Nota-se que falar *mamãe* não acontece linear e progressivamente, mas há salto e retrocesso no uso da palavra, que não significou apenas "mamãe", mas sim o pensamento: "mamã quero colo" ou "mamã quero você". Junto com a fala e o pensamento, desenvolve-se a marcha que convive com o engatinhar, ser carregado no colo e arrastar-se no chão.

Aos 11 meses, Tiê evidenciou fascínio pela luz das lâmpadas – a que se referiu usando a palavra *"abuta"* quando olhava para elas e depois a generalizou para se referir a muitas coisas. Demonstrou, aos 12 meses, o início da diferenciação ao nomear as coisas fazendo uso da palavra *"api"* – quando lhe é oferecido água e ele olha para o filtro de sua casa, já não usa indiscriminadamente a palavra *"abuta"* como fazia. Esse salto qualitativo de percepção de que as coisas têm nomes continua e, na presença dos três cachorros de sua casa, ele diz *"au-au"*; quando brinca com a bola, diz *"abol"*; quando almoça ou janta diz *"papá"*; diz *"neném"* quando brinca sozinho com um boneco de pano ou vê a figura de uma criança, como em pacotes de fraldas.

Em um dos vídeos que sua mãe nos enviou, enquanto Tiê brinca de bola com seu pai, ele diz *"papá"*, *"abol"*, chuta a bola, canta e marca o ritmo balançando o corpo. Nesse mesmo vídeo, quando ouve o canto dos pássaros bate as mãozinhas no próprio corpo. Ao compartilhar esse vídeo do Tiê, uma amiga se pergunta: Tiê voando? Imitação simbólica? Ele já havia manifestado a imitação simbólica outras vezes ao bater palminhas, cantarolar e balançar o corpo fora do contexto específico da comemoração de aniversário de 1 ano, e quando fez o gesto com o dedinho indicador na mão direita e olhou para nós, balançando o corpinho, o que nós, adultos, interpretamos que ele queria que cantássemos a música "Meu pintinho amarelinho". Isto se repetiu algumas vezes até ele se cansar e voltar sua atenção a outra brincadeira com blocos lógicos.

Outros movimentos de generalização do pensamento e da fala estão no uso da palavra "papá" para nomear o pai e os alimentos, imitando como os adultos falam com ele. Ele também generalizava a forma circular como *"abol"* – ao ver limão, pêssego ou o formato redondo dos pesos de ginástica – que é para ele uma palavra só.

Ao mesmo tempo que faz uso das primeiras palavras, Tiê passou a formular frases com entonação, embora não possamos saber o que ele estava dizendo. Em muitos momentos, conseguimos reconhecer que ele repetiu, imitando a entonação da fala de alguém – como de sua prima ao dizer para ele "menino bonito", quando Tiê estava com 12 meses e 28 dias. A tônica de seu desenvolvimento depois dos 12 meses está, de um lado, na unidade fala-pensamento, a cada dia uma novidade, uma nova palavra, cujo significado está apenas começando, de acordo com Vigotski. E, de outro lado, na autonomia de movimentar-se com as próprias pernas e pés, explorar tudo que está a sua volta, caindo e se levantando, machucando-se e sendo curado, física e emocionalmente pelos pais, por experimentar lugares e coisas diferentes enquanto ainda não andava sozinho.

Ficar em pé e andar com as próprias pernas é uma marca do bebê humano, ao imitar seus semelhantes. Esse desenvolvimento não aconteceu de um dia para outro na história da constituição da humanidade; milhões de anos se passaram até que o *Homo sapiens* conseguiu liberar as mãos e ficar em pé, e pôde transformar a matéria-prima que se encontra na natureza em cultura. Ao transformar a natureza, transformou a si próprio como humano. E para o bebê humano essa transformação é radical: ele pode agora falar, andar, sentir e pensar ao mesmo tempo em que vivencia e amplia as relações sociais com os familiares, pois é na relação com os outros que o seu desenvolvimento psicomotor e cultural acontece.

Já afirmamos que nenhuma das falas ou primeiras palavras de Tiê estão fora de contexto, são falas situadas nas vivências das brincadeiras, das conversas entre adultos ou dos adultos com ele, assim como nos momentos de sede, fome, sono etc. Em um evento, quando

Tiê estava com 12 meses e 29 dias, que nomeamos de Diálogo entre Tiê e seus pais, pudemos evidenciar o desenvolvimento da fala e do pensamento de Tiê muito nitidamente como uma unidade de sentidos e significados que se fundem, se separam e se cruzam no mesmo diálogo, ou seja, aprendida uma palavra, seu significado evolui e se modifica externa e internamente às crianças. *"Abol"*, que inicialmente referia-se ao brinquedo *bola*, passou a se referir e ser signo para significar todo objeto que tem a forma redonda. Vejamos o Quadro 3 com o diálogo:

QUADRO 3

Tiê está brincando com seus pais no quarto em que dorme – seu pai rola a bola com as mãos sentado em um banco baixo e diz: *"cadê a bola"?* Tiê sai andando em direção à bola dizendo: *"pá.../papá.../pá...papá"*. Chuta a bola e cai, examina uma das mãos, levanta-se e caminha em direção à bola, que está um pouco à sua frente, e diz abrindo os bracinhos *"cadê"?*, com entonação de interrogação. E seu pai responde: *"Cadê a bola?"/ "Cadê?"*. Na sequência, Tiê vê um balde com diversos brinquedos de plástico e pega com a mão direita um deles, que tem o formato redondo (formato de uma tartaruga, o casco é redondo) e diz olhando para seus pais: *"abol.../ééééé..."* e seu pai diz; *"éééé / que legal/ tartaruga!!!"*. Logo depois, pega com a mão esquerda outro bichinho, um hipopótamo, e sua mãe diz: *"ah! / esse aí que cê mais amou/ né?"* Tiê solta a tartaruga e se admira olhando para sua mão esquerda e dizendo: *"oh!!!"*; continua andando e sai do quarto com o hipopótamo na mão direita sob a incredulidade de seus pais revelada na fala de sua mãe: *"Onde cê vai?"* – e ri baixinho. À pergunta de sua mãe, Tiê faz uma paradinha na porta do quarto e continua andando. E, assim, o diálogo e a filmagem se encerram com a "saída à francesa" de Tiê para outros cômodos da casa.

Psicologia Educacional

O diálogo do Quadro 3, em que fala e pensamento formam um sistema de sentidos e significados construídos por Tiê e seus pais com base em suas vivências, só pode ser entendido tendo em vista sua gênese na história e na cultura, na sociogênese do processo de formação do ser humano como humano. Falar e pensar estão ligados inicialmente às relações sociais e culturais entre pessoas: no nosso caso, por meio de gestos, balbucios, olhares, choros, por parte dos bebês que convivem com as falas e gestos dos adultos sem que a função psicológica seja utilizada, evidenciando que fala e pensamento, nesse momento do desenvolvimento infantil, caminham separadamente. O salto qualitativo acontece quando o bebê descobre que as coisas e as pessoas têm nomes e usa essas nomeações socialmente para se comunicar e formar o pensamento generalizante, como pôde ser visto na imitação diferida/simbólica de Tiê, feita por meio de gestos e depois por meio de signos no diálogo que descrevemos no quadro anterior.

As palavras aparentemente estão sendo ditas de modo isolado, entretanto fala e pensamento se fundem formando uma unidade de sentidos e significados quando ele diz *"pá...papá...pá...papá"* ao se referir ao pai que rolou a bola quando diz *"cadê?"*, procurando por ela, e sendo correspondido pelo pai que também pergunta pelo objeto. Tiê continua o diálogo pegando o brinquedo em forma de tartaruga com casco redondo e dizendo: *"abol/ éééé" (com entonação que interpretamos como a tentativa de afirmar que é uma "abol")* – o que é confirmado pelo pai quando diz: *"Ééé'/que legal/tartaruga"*, e assim ampliando a conversa ao introduzir a palavra tartaruga, que ainda não fazia parte do vocabulário de Tiê. Aqui se nota que a palavra *tartaruga* não faz sentido para Tiê, e por isso fala e pensamento se separam para logo depois se unirem na continuação da conversa, quando sua mãe afirma que ele gosta mais do hipopótamo do que de todos os outros brinquedos. Então, ele joga a tartaruga no chão, mostra que a jogou olhando para a mãozinha vazia e dizendo *"oh!!"*, saindo com o hipopótamo na mão para brincar em outro lugar de sua casa. Segundo sua mãe, quando eles foram ao encalço dele, Tiê os esperava no meio do corredor que dá para a sala... E só então partiu para outros cômodos em companhia de seus pais, para outras aventuras...

Esse evento – diálogo entre Tiê e seus pais – reforça o que Vigotski já argumentava: quando a fala transforma-se em pensamento e o pensamento transforma-se em fala, isso provoca uma revolução no desenvolvimento das crianças. Também é aqui que nos diferenciamos dos outros animais. Vemos isso acontecer na fusão da fala e pensamento no diálogo entre Tiê e seus pais, quando ele faz uso do signo *"abol"* em diferentes situações – na relação com o objeto brinquedo e bola; na relação com frutas que têm forma redonda, como limão e pêssego; na relação com a forma redonda dos pesos de ginástica e com a forma redonda do casco da tartaruga/brinquedo de plástico. A fala cumpre as duas funções ao mesmo tempo, de comunicação e formação do pensamento generalizante. A fala e o pensamento têm raízes genéticas nas relações sociais, sendo que a fala toma a direção das partes para o todo e o pensamento do todo para as partes, expressando aqui o contraditório da unidade fala-pensamento no bebê humano.

Por isso, aos 18 meses, Tiê é capaz de falar três palavras-chave ("tá tente" = "está quente"; "a bola"; "é pocó" = "é cavalo", por exemplo); brincar de faz de conta (fazendo comidinha e comendo ou bebendo algo); desenhar na parede de sua casa e dizer para sua mãe o que desenhou – "o pocó", e imitar o trote do "pocó", em seguida. Ele imita muitas falas e ações de adultos e crianças como: dançar capoeira, dançar samba, fazer yoga, tocar tambor, sempre acompanhadas da fala ou do apontar com o dedo aquilo que quer fazer. Esse gesto de apontar, como diz Vigotski, é próprio do humano e é carregado de significação, assim como a fala.

Segundo Vigotski, com base em pesquisas de Khöler, os chimpanzés, entre todos os outros animais, são os que mais se aproximam do desenvolvimento humano. Uma reportagem da *Folha de S. Paulo* publicada em 23 de fevereiro de 2007 divulgou que biólogos e arqueólogos no Senegal pesquisaram famílias de chimpanzés por 9 anos e chegaram à conclusão de que eles fazem uso de instrumentos e produzem um certo tipo de cultura ao ensinar seus filhotes a caçar galagos (pequenos primatas) adormecidos nos troncos de árvores, transformando um galho em instrumento para isso. Essas pesquisas revelam que eles manifestam um intelecto parecido com o intelecto das crianças em seus dois primeiros anos de vida, quando demonstram capacidade de emprego de instrumentos que estão na natureza para caçar e quando fazem uso de uma fala semelhante à fonética da fala das crianças, expressando sua função emocional e os rudimentos de sua função social. Entretanto, não fazem uso de signos, como os bebês e as crianças humanas.

De acordo com Vigotski, nos seres humanos, ou seja, na ontogenia, há momentos em que as curvas da fala e do pensamento se afastam, se cruzam e até mesmo se fundem. As relações entre fala e pensamento na ontogênese são muito mais complexas e obscuras do que na filogênese, têm origens culturais datadas com os primeiros homens que iniciam a representação de práticas culturais por meio de desenhos em cavernas, da comunicação por meio de gestos, gritos e sons ao imitarem os sons dos outros animais.

Com a descoberta do fogo, eles puderam se manter mais tempo no mesmo lugar, criar relações de afeto, amizade e, assim, necessitaram comunicar-se para além dos gestos, gritos e desenhos. Há hipóteses de que a fala surgiu dessas diferentes linguagens em uso entre os que viviam mais tempo no mesmo lugar e faziam viagens para comercializar peles, animais, comidas etc., necessitando assim estabelecer moedas de troca e uma comunicação mais efetiva. Ao mesmo tempo, começaram a fazer uso de instrumentos retirados da natureza, transformando-os com as próprias mãos como, por exemplo, um pedaço de madeira feito em lança com ponta de ferro polido para caçar outros animais. E consequentemente iam modificando a si mesmos, pensando na fabricação e no uso do instrumento de caça, em nomear esse instrumento e planejar a caça coletivamente, transformando os primeiros homens em homens culturais.

As raízes pré-intelectuais da fala se apresentam em balbucios, gestos, choros, gritos e primeiras palavras. Ao formarem uma unidade fala-pensamento, o que se forma é um sistema de sentidos e significados, de início como sinais que indicam os nomes dos objetos e das pessoas num processo associativo de ideias e, depois, como signos com significados, constituindo a mediação semiótica, ou seja, o desenvolvimento da função simbólica que permite a produção de sentidos pessoais e significados sociais para o mundo e para si mesmo por meio de diferentes linguagens em uso. A função simbólica não se resume a associar uma coisa à outra, mas implica a transformação qualitativa de se representar as coisas e pessoas incialmente como significante e, depois, como significado. As palavras ditas como significantes com significados sociais e sentidos pessoais são discursos, linguagens em uso. Aqui reside a maior diferença entre nós humanos e os outros animais, a capacidade de fazer uso da mediação semiótica, de desenvolver as funções psicológicas superiores, pois para descobrir a fala a criança tem de pensar, afirma Vigotski. Ao mesmo tempo em que algumas palavras são usadas como sinal, outras já estão em uso como signo, assim como os gestos de apontar e balançar a cabeça para negar algo, que funcionam como signos com sentido e significado.

Para Vigotski, desde o início da vida dos bebês, junto à unidade fala-pensamento, outras funções psicológicas estão se formando como emoções, percepção afetiva, imaginação, memória mediada (constituída por meio do uso de instrumentos e signos culturais, como a linguagem escrita, bilhetes, aplicativos de celular e agendas, que têm a função de nos lembrar de algo), atenção voluntária (quando a criança já tem maior domínio do próprio corpo e volta a atenção para o que lhe interessa com intenção), imitação.

A imitação é um fator muito importante no desenvolvimento cultural dos bebês. As evidências de que as funções psicológicas superiores estão em funcionamento como um sistema interfuncional (que acontece entre funções psicológicas e nunca isoladamente) podem ser vistas e compreendidas quando os bebês fazem sinal de tchau ao nos despedirmos deles, batem palminhas esperando que cantemos os parabéns, batem o dedinho indicador na mãozinha direita para então começarmos a cantar "Meu pintinho amarelinho..." – enfim, tornam-se os maestros dos adultos, que anteriormente lhes ensinaram essas vivências. Tudo isso está encharcado de emoções – risos, gritinhos de alegria, choros quando estão descontentes, cansados, com sono, fome ou sentem que podem ficar sem a mãe ou o pai. Emoção e cognição andam juntas o tempo todo, situadas nas culturas e linguagens em uso pelas crianças e adultos, formando uma unidade de análise, um construto teórico-metodológico que pode nos ajudar a compreender o que se desenvolve nos bebês e como se desenvolvem: *afeto/cognição social situada/culturas/ linguagens em uso* (ACCL).

Afirmamos anteriormente que o que se desenvolveu nos 18 meses de vida de Tiê e de outros bebês relacionou-se com o desenvolvimento psicomotor e com as funções psicológicas superiores e, portanto, com a unidade de análise ACCL. Do ponto de vista de Wallon, o ato motor é sempre psicomotor. Isso porque, para Wallon, a afetividade, que no início da vida reduz-se praticamente às manifestações fisiológicas da emoção, constitui o ponto de partida do psiquismo. Se não fosse pela capacidade da emoção de mobilizar poderosamente o ambiente, no sentido do atendimento das necessidades do bebê humano, ele pereceria.

Não é por acaso que seu choro atua de forma tão intensa em relação à mãe ou ao cuidador dele. É esta a função que dá origem a um dos traços característicos da expressão emocional: sua alta contagiosidade, seu poder endêmico. A emoção é, portanto, fundamentalmente social, pois ela fornece o primeiro e mais forte vínculo entre os indivíduos e supre a insuficiência da articulação cognitiva dos indivíduos e da espécie. Entretanto, ao mesmo tempo, a emoção tem profundas raízes na vida orgânica, no corpo, nos órgãos internos e externos dos bebês. Isso quer dizer que as mudanças no tônus muscular (músculos contraídos e músculos relaxados) dos bebês promovem mudanças em sua inteligência e na pessoa como um todo. Aqui, fica claro algo muito importante: para Wallon, não há um momento pré-social na vida dos bebês. Desde o início, as emoções revelam um paradoxo, seu caráter contraditório: são ao mesmo tempo sociais e orgânicas/biológicas.

Ao analisar os componentes fisiológicos do corpo humano, as alterações viscerais (estômago, intestino, coração, fígado, pulmão) e metabólicas (doenças como osteoporose, diabetes, derrames, doenças cardíacas) que acompanham a vida emocional, Wallon encontra a íntima relação entre as flutuações do tônus muscular e as flutuações afetivas. Então, se as modificações do tônus muscular acompanham as modificações afetivas, aqui há outra novidade muito importante na teoria de Wallon, que inclui o corpo na construção da subjetividade e inteligência das pessoas, em última instância, sem dicotomizar mente e corpo, afeto e cognição, afeto e intelecto. Vamos usar alguns exemplos para mostrar como as emoções podem gerar tônus muscular que formatam a construção das pessoas – quando alguém sofre um susto intenso, seu corpo se transforma em um farrapo reduzindo o tônus muscular. Quando alguém está muito alegre e feliz seu corpo se expande, há elevação do tônus muscular. Quando estamos sob forte emoção, nossa boca seca, ficamos vermelhos, as mãos suam, gaguejamos, esquecemos o que íamos falar etc. Assim, as emoções são corporais e elas regem nossas relações sociais e nosso psiquismo.

Dessa forma, o que se desenvolveu em Tiê e em outros bebês nos primeiros anos de vida, segundo Wallon, está concentrado no desenvolvimento psicomotor, que nasce da emoção, que, por sua vez, vai ser a base para a construção da inteligência e da pessoa. Portanto, no primeiro ano de vida há predominância do período emocional, ou seja, da afetividade emocional ou tônica, cujo tipo de pensamento é sincrético, que se caracteriza por resolver as coisas por tentativa e erro; ainda sem uma lógica definida; colado nos objetos e no desenvolvimento das funções psicológicas superiores.

Vigotski argumenta em favor das funções psicológicas superiores para o entendimento do desenvolvimento infantil. O que ele quer dizer com isto? O que são funções psicológicas superiores? Essas funções são de origem cultural e, portanto, cada cultura constitui essas funções com conteúdo e forma próprios. Para Vigotski, ao nascer, os bebês começam a desenvolver as funções psicológicas primárias ou inferiores de origem biológica, como a memória natural ou biológica, atenção involuntária e percepção afetiva. Essas funções não existem *a priori*, não são inatas, mas se formam junto com o desenvolvimento físico. Em cada idade, elas sofrem transformações de acordo com a cultura das crianças. Inicialmente, as funções psicológicas primárias/inferiores estão indiferenciadas na consciência; é nos primeiros três meses de vida que elas começam a se diferenciar e quando ocorre a predominância de desenvolvimento da percepção afetiva, agora transformada em função psicológica superior, de origem cultural.

Reafirmamos junto com Wallon e Vigotski que não há momento pré-social na vida dos bebês. O choro – visto aqui como uma linguagem antes da linguagem falada –, inicialmente de origem orgânica, transforma-se em social e garante a sobrevivência das crianças.

Por isso, Vigotski vai argumentar em favor de que a primeira função psicológica em evidência é a percepção afetiva dos bebês, que se manifesta de acordo com a cultura em que ele vive, ou seja, daquilo que lhes incomoda ou lhes agrada, demonstrado por meio do choro, do sorriso, do movimento indiferenciado do corpo e, depois, dos movimentos diferenciados dos braços, das pernas e dos pés. Emoção e percepção estão agindo conjuntamente e adquirindo conteúdo e forma da cultura em que as crianças vivem, pois dependem para existir da interpretação dos adultos que cuidam delas. Essa interpretação é social e cultural e se modifica ao longo dos três primeiros anos da criança. O choro do recém-nascido não é o mesmo choro de crianças de 1 ano, que não é o mesmo choro das crianças de 2 anos e, assim por diante. Há saltos qualitativos em cada idade, há revoluções nesse desenvolvimento que é feito de "crises", com períodos estáveis e períodos críticos. As crises são vistas por Vigotski como muito positivas e elas significam aqueles momentos em que acontecem bruscas mudanças e deslocamentos, modificações e rupturas na personalidade da criança, como no primeiro ano de vida, aos 3 e aos 7 anos, principalmente.

O primeiro ano de vida é visto por Vigotski como um ano de crises em que há sempre mudanças qualitativas, novas. Há que se buscar o verdadeiro fundamento do desenvolvimento cultural dos bebês nas mudanças internas do desenvolvimento, e somente as reviravoltas de seu curso podem nos dizer o que é desenvolvido em cada idade – movimento psicomotor –, como o andar e a passagem dos balbucios às primeiras palavras, são exemplos de crises positivas do desenvolvimento cultural no primeiro ano de vida dos bebês. O desenvolvimento da função simbólica, ou seja, da afetividade emocional ou tônica, ganha força e os bebês podem rabiscar, desenhar, brincar de faz de conta, falar palavras-chave (uma ou duas), memorizar para pensar, podendo, assim, se comunicar com as outras pessoas ao mesmo tempo que formam o pensamento generalizante.

Então, nesse período da vida, as funções psicológicas superiores, propriamente humanas, se diferenciam da consciência como um todo, entre elas e dentro de cada uma. A função que se diferencia e ganha evidência não se desenvolve isoladamente, ela ocupa um lugar central no todo da consciência, sendo que as outras funções também estão em desenvolvimento mas sem destaque.

Resumindo, consideramos o bebê um ser social que se transforma em individual em um processo histórico, dialético e discursivo. Esse ser individual – que é social – torna-se humano, singular, no processo de desenvolver-se culturalmente, na relação com outros humanos que acontece em um percurso que não é linear nem progressivo. Assumimos, junto com Vigotski, que esse desenvolvimento é complexo, contraditório e apresenta momentos de evoluções, involuções e revoluções. E, para ser desenvolvimento, há que se criar algo de novo, novas formações.

Como estudar esse desenvolvimento? Analisando a unidade do desenvolvimento que abrange não apenas um aspecto do organismo e da personalidade do bebê e da criança, mas sim todos os aspectos de um e de outro. Trata-se de um método de estudo analítico, feito não pelo somatório das partes, mas pela união das unidades num todo complexo. Essa análise pressupõe que há uma tensão dialética fundamental nesse método de estudo da unidade do desenvolvimento, uma vez que ele é definido pela contradição de a unidade de análise ser, por um lado, parte de um todo e, ao mesmo tempo, conter características essenciais do todo. Portanto, nosso estudo não separa as funções psicológicas superiores isolando-as, mas as examina em unidades que carregam características do todo do desenvolvimento infantil.

As unidades em si não explicam esse todo, mas somente algumas de suas características fundamentais. Estudar, por exemplo, a unidade fala-pensamento, como definida por Vigotski, permite que possamos compreender o processo de produção de sentidos e significados do mundo desde os primeiros meses do bebê. Mas entender esse processo especificamente não significa entender o todo do seu desenvolvimento; tão somente permite que compreendamos uma parte desse todo, que, por sua vez, carrega outras unidades de análise, como *pessoa-meio* (relações das crianças com o meio e vice-versa) e *afeto-cognição* (afetos que carregam ideias e ideias que carregam afetos). Essas unidades atuam dialeticamente se opondo e constituindo umas às outras. Dessa forma, esse método de estudo auxilia o entendimento do desenvolvimento cultural, a subjetividade das crianças.

Assim, até os 18 meses, o que predomina na construção da subjetividade dos bebês é a atividade emocional ligada ao desenvolvimento psicomotor e ao trabalho dos órgãos dos sentidos, e não uma coisa isolada da outra. Ou seja, nesse período há predominância do desenvolvimento sensório-motor que envolve a noção de permanência dos objetos e a entrada no campo do simbólico por meio do desenvolvimento das funções psicológicas superiores, com preponderância da percepção afetiva, da afetividade emocional ou tônica.

SUGESTÕES DE LEITURA

GOMES, M. F. C.; NEVES, V. F. Afeto/cognição social situada/culturas/linguagens em uso (ACCL). *Educação em Revista*, v. 37, 2021, pp. 1-15.
Este artigo apresenta a unidade de análise do desenvolvimento cultural de bebês e crianças, a ACCL, vista como indivisível, como uma totalidade, fruto do diálogo entre a Teoria Histórico-Cultural e a Etnografia em Educação.

PIAGET, J. *Epistemologia genética*. São Paulo: Martins Fontes, 1990.
Este livro apresenta uma síntese da teoria de Piaget para se compreender o desenvolvimento infantil.

PINO, A. *As marcas do humano*: as origens da constituição cultural da criança na perspectiva de Lev S. Vigotski. São Paulo: Cortez, 2005.
Neste livro, Pino desenvolve análise sobre o desenvolvimento cultural de seu neto até 1 ano de idade sob a luz da Teoria Histórico-Cultural.

NEVES, V. F. A.; GOMES, M. F. C. Programa de Pesquisa Infância e Escolarização (2017-2020). Faculdade de Educação da UFMG. Financiamento CNPq, Capes e Fapemig. In: https://enlacei.com.br/
Este Programa de Pesquisa procura compreender o desenvolvimento cultural de bebês e crianças pequenas com base nos pressupostos da Teoria Histórico-cultural e da Etnografia em Educação.

VIGOTSKI, L. S. Leis gerais do desenvolvimento psicológico da criança. *Sete aulas de L. S. Vigotski*: sobre os fundamentos da Pedologia. Rio de Janeiro: E-Papers, 201, pp. 92-108.
Neste capítulo, Vigotski apresenta sua visão sobre o desenvolvimento psicológico das crianças e explicita a positividade das crises nesse desenvolvimento.

VIGOTSKI, L. S. El problema de la edad. *Obras Escogidas*, tomo IV. Madrid: Visor-Aprendizaje, 1996, pp. 251-274.
Neste capítulo, Vigotski desenvolve a ideia de crises para compreender o desenvolvimento dialético de bebês, crianças e adolescentes.

VIGOTSKI, L. S. *Obras Escogidas*, tomo III. Madrid:Visor-Aprendizaje, 1995.
Nesta obra, Vigotski dedica-se a pensar sobre o desenvolvimento, análise, estrutura e gênese das funções psíquicas superiores.

WALLON, H. *A criança turbulenta*: estudo sobre os retardamentos e as anomalias do desenvolvimento motor e mental. Petrópolis: Vozes, 2007.
Neste livro, Wallon descreve e estuda sobre o desenvolvimento de anomalias e retardos no desenvolvimento motor e mental de crianças e apresenta sua teoria histórica e dialética do desenvolvimento infantil.

Sites:

https://pebmed.com.br/cama-compartilhada-com-recem-nascidos-quais-as-evidencias-cientificas/
https://pebmed.com.br/abordagem-pratica-do-metodo-blw-baby-led-weaning-para-introducao-alimentar/

Crianças pequenas

O QUE SE DESENVOLVE DOS 18 MESES AOS 3 ANOS DE VIDA?

Segundo documentos da educação infantil brasileira, as crianças pequenas são assim nomeadas dos 18 aos 36 meses de idade. Nesse período, o que se desenvolve predominantemente, segundo Wallon e Vigotski?

Segundo Vigotski, a cada função que ganha centralidade no desenvolvimento infantil, a estrutura da consciência se modifica. Em cada etapa etária, diferentes funções se evidenciam e se desenvolvem, mesmo que em outro período da vida elas não estejam em evidência. No período que estamos estudando agora, memória e pensamento estão se desenvolvendo junto à unidade fala-pensamento, aos movimentos de andar, brincar, e atingem o ápice aos 5 anos de idade. Também aqui há períodos estáveis e períodos críticos de desenvolvimento. As idades estáveis foram estudadas empiricamente pela Psicologia com muito mais detalhes do que as idades caracterizadas por crises, segundo Vigotski. Essas crises foram

Psicologia Educacional

descobertas por via empírica, porém, não foram sistematizadas nem incluídas na periodização do desenvolvimento infantil.

Os estudiosos ocidentais consideraram as crises como enfermidades do desenvolvimento, como um desvio da norma. Poucos investigadores foram capazes de tecer explicações teóricas para o seu significado. A intenção de Vigotski era sistematizá-las e elaborar explicação científica para as crises do desenvolvimento infantil e integrálas ao esquema geral desse desenvolvimento como fundamentais para compreendê-lo.

Vigotski via sentidos positivos nas crises, uma faceta necessária do desenvolvimento infantil, pois, para ele, os períodos das crises intercalados com os períodos estáveis configuram pontos críticos, pontos de virada no desenvolvimento, confirmando mais uma vez que o desenvolvimento da criança é um processo dialético em que a passagem de um estágio a outro não se realiza pela via evolutiva, mas sim revolucionária.

Nesse sentido, para a visão dialética de Vigotski, a interpretação das crises como um conteúdo negativo pelos psicólogos de sua época mostra também o outro lado da moeda, que é o fato de as crises por essência revelarem as transformações positivas da personalidade, transformações qualitativas que são complexas e nem sempre harmônicas. Em períodos mais estáveis do desenvolvimento, as crianças pequenas demonstram capacidade de conversação entre os adultos e entre outras crianças, indicando como se apropriam da cultura em que vivem.

Giovanna, uma menininha que tinha 2 anos e 6 meses à época da escrita deste livro, vive em Belo Horizonte, em uma casa, convive com cachorro, gatos, pássaros, grama, terra, água (tem piscina no quintal da casa), cimento. Tem três irmãos mais velhos, já adolescentes. Brinca sozinha, com os irmãos e os pais, com brinquedos fabricados e feitos em casa também (como massinhas). Convive com a família da mãe – tia e avó –, que moram na casa ao lado. Sua mãe a declara pertencente à etnia parda. Giovanna fala o tempo todo, em

48

voz alta, quando brinca sozinha ou com outras pessoas, no banho, na alimentação, nos passeios etc. Gosta de participar das conversas entre adultos.

Conversando com a mãe de Giovanna, soubemos de um diálogo que ela teve aos 2 anos e 6 meses, quando passeava na rua onde mora em companhia de seu pai e de sua mãe. Em tempos de pandemia da covid-19, passeios ao ar livre são muito valorizados, sendo o uso de máscaras obrigatório.

QUADRO 1

Giovanna e seus pais encontraram com uma menina, aparentemente da mesma idade de Giovanna, acompanhada de seu pai. Fabiano (pai de Giovanna) perguntou o nome dela e o pai da menina respondeu: *"Tiê"*. A menininha repetiu seu nome: *"Tiê"*. Todos estavam usando máscaras e não escutaram direito, então o pai repetiu: *"Tiê é o nome de um pássaro"*. Giovanna olhou para a menina e para o pai dela e disse: *"Meu nome é Giovanna/ esse aqui/ é o papai e o nome dele é papai/ essa é a mamãe/ ela chama mamãe/ E a gente não é pássaro"*. Todos riram dessa argumentação de Giovanna.

Um aspecto a se considerar neste diálogo são as condições de produção dele: em espaço aberto, em plena pandemia; adultos e crianças usando máscaras (o que impediu a audição da primeira resposta do pai, por um lado, mas, por outro, permitiu que ele explicasse a origem do nome de sua filha). Tiê participa da conversa por meio do olhar, com o corpo, reafirma seu nome junto com seu pai. Giovanna entra na conversa, demonstrando seu entendimento da explicação do nome Tiê, que para ela está ligada concretamente a um pássaro, mas não à origem do nome da menininha. Ela demonstra capacidade de produção de significado social para a palavra "pássaro", fazendo a diferenciação entre pássaros e pessoas; assim como demonstra o sentido pessoal que produziu sobre os nomes dos seus pais. Giovanna parte do significado social das diferenças entre ser um pássaro e pessoa para produzir o sentido pessoal do que ela e seus pais são – pessoas, e não pássaros –, nomeando-os por "papai" e "mamãe" – função maior na relação afetiva que eles construíram com ela. O uso desse raciocínio, por um lado, demonstra que Giovanna apresenta capacidade de simbolização por meio da fala e do pensamento, produzindo sentido pessoal para aquela conversa e, por outro lado, fica claro a sua relação diferenciada com o meio em que aconteceu o diálogo. Ela demonstra que gosta de conversar, de participar da conversa por meio de signos que, aparentemente, deveriam ser usado pelos adultos. Tiê demonstrou outra relação com o mesmo meio da conversação, reafirmando seu nome, mas deixando a explicação do significado dele por conta de seu pai. Podemos dizer que os pensamentos dessas duas crianças se manifestam nos limites do percebido e sentido por cada uma delas.

Aqui podemos perceber o salto qualitativo no desenvolvimento da unidade fala-pensamento de Giovanna, com 2 anos e 6 meses, que demonstram as diferenças entre o desenvolvimento do sistema de sentidos e significados de Giovanna e de Tiê, aos 13 meses.

Tiê, o bebê abordado no primeiro capítulo, produzia sons significantes, que comunicavam significados, por meio de uma ou duas palavras-frase, fundamentalmente, mas também por meio de onomatopeias, gestos, choros, sorrisos, gritos e agitação do corpo todo, ou seja, como Wallon denominou, por meio do "diálogo tônico". Um desses diálogos tônicos que presenciamos está vinculado à palavra *"não"* – nos momentos em que ele quer permanecer no colo de alguém, ele balança a cabeça de um lado para outro, vira o corpo para dizer que não quer ir para o outro colo; também quando se pergunta a ele *"Tiê quer tomate?"*, ele vira a cabeça para outro lado e depois a balança de um lado para outro dizendo *"não"*. Fala e pensamento se cruzam nesse diálogo tônico. Mesmo que Tiê não faça ainda uso das

Crianças pequenas

palavras "*não*", "*colo*" e "*tomate*", ele as compreende e produz sentidos pessoais para elas. Tiê mostra nessas situações sociais descritas que já sabe indicar algumas preferências e dizer o que quer ou não. Isso evidencia o salto qualitativo de seu desenvolvimento relativo à unidade fala-pensamento.

Giovanna aos 2 anos e 6 meses produz fala fundida com o pensamento muito parecido ao que os adultos produzem, em frases completas, porém com sentidos diferentes das que os adultos produziram. Os sentidos de Giovanna têm base na percepção afetiva, nas situações concretas, mesmo que a capacidade cognitiva, simbólica, já esteja muito mais desenvolvida, pois, para ela, pássaros, pessoas e nomes não são objetos físicos, mas sim o que significam naquela situação social. Aqui também, os sentidos das palavras "pássaro", "nomes", "pessoas" estão apenas começando para Giovanna que ainda vai construir outros sentidos para essas palavras ao vivenciar outras situações sociais de desenvolvimento.

Contrastando o desenvolvimento da unidade fala-pensamento de Tiê e Giovanna, assumimos junto com Vigotski que sua direção se fez da fala social para a fala egocêntrica e depois se transformou em fala interna. A fala social dos bebês manifesta-se por meio das emoções, da percepção afetiva; a fala egocêntrica é aquela em que bebês e crianças anunciam em voz alta tudo que fazem ou que pretendem fazer; e a fala interna é o pensamento carregado de palavras, como uma nuvem de onde elas caem quando se fala. Para Vigotski, a fala egocêntrica tem origem na fala social e seu destino é a fala interna, que tem a função de internalização da cultura e que não desaparece. Ela permanece em todos nós, auxiliando-nos a organizar nossas ações e pensamentos, do mesmo modo que ajuda as crianças. Isso demonstra que, aprendida uma palavra, seu significado está apenas começando a nascer: não se aprende uma palavra de uma vez e para sempre. As transformações acontecem de acordo com as diferentes situações sociais de desenvolvimento, com as diferentes vivências dos bebês e das crianças pequenas, possibilitando que outros significados das palavras

Psicologia Educacional

nos planos externo e interno se desenvolvam, sendo que o interno não é uma cópia do externo, mas representa a apropriação dos bebês e das crianças pequenas das relações sociais transformadas em funções psicológicas superiores.

Podemos, então, afirmar que o processo de desenvolvimento da unidade fala-pensamento envolve afeto e intelecto, pois cada ideia carrega, transformada, a atitude afetiva das pessoas, desde os diálogos tônicos às palavras-frase e às frases completas.

Aqui vale chamar a atenção para o nome da menininha do diálogo com Giovanna: "Tiê". É o mesmo nome do bebê do primeiro capítulo, que é um menino. Ou seja, os nomes, em nossa sociedade, existem para nos identificar, porém são significantes, que são ressignificados por quem nos dá o nome e por quem é nomeado. O mesmo significante – "Tiê" – nomeia, significa e identifica um menino e uma menina. Em tempos de discussão sobre "ideologia de gêneros", pensamos ser muito importante abordar o que significa ter o mesmo significante para nomear os gêneros masculino e feminino. Gênero, para nós, é uma teoria que possibilita compreender a construção histórica de formação do feminino e do masculino, de forma múltipla, que acolhe as diferenças.

Dessa forma, nos tornamos meninos e meninas em meio às relações de poder, às normas sociais instituídas que marcam nossas subjetividades, como a cor azul para meninos e rosa para meninas; meninos brincam de carrinho e bola, e meninas de boneca e casinha, por exemplo. Estereótipos que estão sendo questionados, modificados nas práticas de cuidado e educação em algumas famílias e algumas escolas, por um lado, mas reafirmadas por outras famílias e escolas, por outro. Assim, as relações de poder na sociedade produzem tanto hierarquias quanto desigualdades, além de diferenciações entre pessoas com o mesmo nome e pessoas com nomes diferentes. O nome não é apenas um significante, ele fala dos desejos de quem o escolheu, ou seja, de nossos pais. Podemos gostar ou mesmo negar essas escolhas, mas elas continuam sendo partes do todo de nossas subjetividades.

Escolhas que não estão apartadas das culturas próprias do tempo histórico que vivemos. No século XXI, pediatras e nutricionistas orientam como alimentar os bebês diferentemente do que os pediatras e nutricionistas orientavam no século XX e em outros séculos. Algumas dessas práticas culturais vêm impactando o desenvolvimento dos bebês, e sobre isso falaremos brevemente na próxima seção, por serem práticas culturais adotadas por muitos pais atualmente.

BRINCADEIRAS COMO ATIVIDADES-GUIA DO DESENVOLVIMENTO INFANTIL, DA CONSTITUIÇÃO DAS SUBJETIVIDADES DE BEBÊS E CRIANÇAS PEQUENAS

Já sabemos que **brincar** é coisa muito séria no desenvolvimento infantil. Tanto para os bebês quanto para as crianças pequenas, as brincadeiras são atividades que guiam esse desenvolvimento. Hora do banho é hora de brincar; nas refeições brincar com os alimentos é constante; e também com caixas, panelas, tampas de panelas, controles de TV, enfim, "tudo vira brinquedo"e, somados aos brinquedos industrializados, ganha cor nas vidas de Tiê, Giovanna, Valéria, Henrique, Sofia e Maria – como abordados no primeiro capítulo.

Quando abordamos o Programa de Pesquisa Infância e Escolarização, discutimos sobre o papel da unidade de análise (autonomia-proteção) dos bebês quando brincam nas almofadas vazadas e na piscina de bolinhas. Todos são chamados pela professora a descobrir "novos horizontes" brincando coletiva e individualmente. Na brincadeira com almofadas vazadas, elas se tornam "túneis" para atravessar. As crianças mostram que superar o medo e a insegurança para atravessar o "túnel" é algo importante, e a professora tem papel fundamental nessa superação, como aconteceu quando Henrique incialmente demonstrou medo de atravessá-lo franzindo as sobrancelhas, mas encontrou suporte no incentivo da professora que estava do outro lado do "túnel" esperando por ele e incentivando-o a atravessá-lo. Aqui podemos ver a indivisibilidade entre afeto-cognição social

Psicologia Educacional

situada nesta brincadeira – superação do medo e insegurança e compreensão corporal e cognitiva/psicomotora de como se movimentar para concluir a atividade.

Crianças que costumam brincar juntas, como Sofia e Maria, frequentemente são flagradas na companhia uma da outra – seja brincando de "mãe-filha"; de "roda" etc. –, e aspectos importantes de seus desenvolvimentos nos são revelados. Desde o berçário, as filmagens, realizadas na pesquisa de campo do Programa Infância e Escolarização, mostram que as crianças vivenciam junto às professoras a prática cultural de ouvir cantigas de roda (cantadas pelas professoras) enquanto brincam de outras coisas, almoçam, tomam lanches. No berçário, percebe-se uma diversidade de formas de brincar de roda com os bebês sentados ou em pé, acompanhando o ritmo das músicas balançando os corpos e batendo as palmas e os pés no chão. As professoras, inicialmente, tentam organizar as brincadeiras de roda ensinando os bebês a sentarem em forma circular e depois ficarem de pé e darem as mãos, rodando ao ritmo das cantigas de roda, a saber: "Atirei o pau no gato"; "Sambalelê"; "Caranguejo não é peixe"; "Fui na fonte do Itororó"; "Meu limão, meu limoeiro"; "Ciranda, cirandinha" etc.

Sofia, Maria, Henrique e Valéria, já andando com as próprias pernas, demonstram real interesse pelas brincadeiras de roda, primeiro sob o comando da professora e, depois, sob o comando de Sofia e Maria, que, alguns meses depois, já organizam essa brincadeira sem a ajuda da professora. Esse movimento evidencia o processo de individuação de Sofia e Maria nas brincadeiras de roda quando assumem o protagonismo em brincar com os colegas, o que nos permite dizer da importância de reconhecer que as crianças, antes dos 3 anos de idade, estão em relação umas com as outras e compartilham práticas culturais de brincadeiras em contextos coletivos de cuidado e educação. Ao imitarem os adultos – não só em brincadeiras de roda, mas também de ser mãe e filha, de escrever nas paredes e cadernos de campo das pesquisadoras, ao ler livros de estórias na posição vertical desde antes de 1 ano de idade –, contrariam o que Vigotski, Wallon e Piaget afirmaram nas três primeiras décadas do século XX, que as crianças seriam capazes de brincar umas com as outras somente depois dos 3 anos.

Para dar continuidade a essas reflexões, daremos ênfase às brincadeiras de: *"Tá fazendo papá, é?"* e *"Tô fazendo papá"*, que tem Sofia como protagonista em dois momentos ao brincar de fazer comida.

Sofia, aos 12 meses e 18 dias, brinca no solário da escola com folha seca e uma panelinha por quatro minutos, misturando e levando a folha à boca de mentirinha. A professora quer pegar a folha, mas ela se vira e a professora então comenta: *"Tá fazendo papá/é?".* Sofia vê sua colega Isaura, que a observava há algum tempo, e oferece a ela a folha/comida levando a colher com a folha à sua boca. Percebe-se que não há palavras entre Sofia e Isaura, apenas a imitação dos gestos de cozinhar, que ela possivelmente viu sua mãe fazer. Essa brincadeira mostra a apropriação de Sofia dos instrumentos que se usa para cozinhar e para alimentar um bebê nos moldes de uso de talher de nossa cultura, do mesmo modo que sua criação e imaginação de transformar a folha em alimento. Isso permitiu à professora interpretar sua ação/imaginação e nomeá-la como *"Tá fazendo papá/ é?".*

Cerca de 1 ano e 5 meses depois, Sofia, que estava então com 2 anos e 5 meses, brincava com panelas, uma boneca, peças de boliche e peças para montar algo. A brincadeira também era de cozinhar: ela mexe as peças de montar dentro da panela fazendo barulho das panelas com a boca. À pergunta da pesquisadora sobre o que ela estava fazendo, diz: *"Tô fazendo papá/arroz/feijão/batata".* Enquanto cozinha, está só, mas ao final compartilha o que cozinhou com a boneca e alguns coleguinhas, fazendo uso de uma colherinha.

O que há de qualitativamente diferente nesses dois eventos envolvendo a brincadeira de cozinhar? No evento *"Tô fazendo papá/arroz/feijão/batata",* Sofia assume a autoria de sua brincadeira e ainda especifica o que está cozinhando. Além disso, demonstra que não cozinha para si mesma, compartilha com a boneca e outros colegas o fruto de sua ação/imaginação. Podemos perceber a direção do desenvolvimento de Sofia do social para o individual – as funções psicológicas superiores aparecem *como* relações sociais e são qualitativamente transformadas por meio da unidade fala-pensamento, no emprego do pronome *eu* oculto na frase *"Tô fazendo papá/arroz/feijão/batata".* A tomada de consciência de sua autoria na brincadeira é fundamental no desenvolvimento cultural das crianças.

Por meio das brincadeiras, as crianças podem fazer coisas que na realidade não poderiam, como cozinhar. Essa atividade da brincadeira cria Zonas de Desenvolvimento Iminentes, potencializando a capacidade de criação, de imaginação, de fala e pensamento e afetividade, ou seja, do desenvolvimento cultural das crianças. Isso porque a Zona de Desenvolvimento Iminente é uma zona de construção coletiva e individual, uma zona de convivência, de compartilhamento de saberes, e não de transferência de saber de quem sabe mais para quem sabe menos, como se compreendeu durante muito tempo acerca desse conceito formulado por Vigotski.

Essa Zona deve ser compreendida na sua relação com a Zona de Desenvolvimento Real, entendida como aqueles momentos e atividades que as crianças sabem fazer sozinhas, sem a colaboração de outros. A Real não é o final do desenvolvimento, mas um ponto de referência para novos desenvolvimentos acontecerem, para se criar algo de novo nas mentes e corpos das crianças com base na convivência, na colaboração, na Zona de Desenvolvimento Iminente.

Como já afirmamos, as crianças brincam de coisas que não podem fazer na realidade, como cozinhar, ser mãe e pai. Elas o fazem no plano da imaginação, criando sentidos diferentes para essas práticas culturais. Brincar é visto por Vigotski como uma atividade criadora que é própria do ser humano. Dessa forma, o desenvolvimento individual, ontogenético, precisa ser estudado articuladamente com a história e a cultura. Quem brinca brinca de quê? Com quem? Em que situação social? Brinca para quê? Ao brincar, as crianças transformam as relações sociais em funções mentais por meio dos signos. Vivem dramas reais no plano da imaginação que nem sempre causam prazer: elas se apropriam das práticas e palavras dos outros e fazem delas suas práticas e palavras ressignificadas num autêntico processo de se reinventar por meio de imagens, de palavras, de dramas pessoais. Esse é um processo de autoconstrução do ser humano como humano que, ao brincar, transforma-se e transforma os outros.

Pode-se perceber aqui que afetividade, inteligência e pessoa caminham juntas – sendo a construção da pessoa uma autoconstrução –, que começa na simbiose com a mãe e caminha para a individuação. Entretanto, não há nada mais social do que o processo de individuação, de construção da subjetividade de cada pessoa.

Esse processo pode ser compreendido por meio dos processos de individuação de Valéria e Henrique desde o berçário, quando ainda estavam muito dependentes afetivamente dos adultos/professoras e auxiliares. À medida que se locomovem por meio do engatinhar e depois do andar com as próprias pernas, vão fortalecendo suas independências afetivas dos adultos e fortalecendo os laços de amizade, de afeto, entre eles. Esse não é um processo linear e progressivo, pois volta e meia uma criança que se mostrava independente, feliz e convivendo bem com todos, como Valéria, é tomada por uma crise de choro, quando percebe que, ao fazer 1 ano de idade, deveria ficar com uma professora diferente daquela com a qual havia criado laços de afeto no berçário.

Os processos de constituição das subjetividades de Valéria e Henrique foram marcados pela complexidade que envolve a construção de uma pessoa, processo que é inacabado e social por excelência. No caso de Henrique, esse processo de individuação se deu quando demonstrou marcas da sua subjetividade ao se diferenciar dos outros colegas quando expôs o desejo de ser o ajudante da professora desde 1 ano de idade, de participar das atividades coletivas, como ouvir música, dançar e ouvir estórias contadas pelas professoras. Valéria, por sua vez, demonstrou marcas de sua subjetividade, se diferenciando dos outros colegas, como no cuidado com Henrique em seus momentos de tristeza e angústia. Mas também no vivo interesse pelas práticas de letramento, ao ouvir estórias contadas pelas professoras, ao contar suas próprias estórias e usando livros dispostos no tapete da sala do berçário e da sala de atividades, primeiro na horizontal e depois na vertical. Além disso, gostava de escrever nos cadernos de campo das pesquisadoras, na parede e no chão do parquinho.

Essas crianças mostraram que antes de serem para si mesmos foram para os outros, e que nem sempre interpretam corretamente os seus desejos, sentimentos, recusas, concordâncias, pensamentos. E, mesmo ao ser para si mesmos, estão para os outros com suas contradições, idas e vindas. Tanto Valéria quanto Henrique levaram para a escola práticas culturais de suas famílias que marcaram suas subjetividades. Para a Valéria, as práticas de letramentos; para o Henrique, ser ajudante do pai na organização e limpeza de sua casa. Comum a ambos, o prazer de participar das atividades coletivas dançando, cantando, ouvindo e contando estórias infantis.

Resumindo, a direção do desenvolvimento cultural das crianças, protagonistas deste capítulo, se fez do social para o individual, com saltos e retrocessos por meio dos movimentos psicomotores, das funções psicológicas superiores, tendo as brincadeiras como atividades centrais nesse desenvolvimento. Vimos também que o fator idade sozinho diz pouco sobre essas crianças, sendo necessário considerar na formação de suas subjetividades os gêneros, classes sociais, etnias, relações entre famílias e escolas, pois são crianças de carne e osso, são seres históricos e culturais, com suas particularidades expressas em suas dores, alegrias e desejos.

Para nós, o meio escolar, um meio coletivo de cuidado e educação, e o meio das famílias dessas crianças pequenas são vistos como fontes de desenvolvimento. E as relações delas com esses meios são fundamentais a cada idade, como se vê nas falas dos adultos, que ganham significados diferentes para as crianças a depender do período de desenvolvimento em que se encontram. Por exemplo, esta é a metáfora usada pelos pais de Flora (branca, de classe média alta, que contava com 18 meses à época) em uma conversa: *"É, Flora, você não dá bola para o seu pai"*. Flora, ao ouvir essa afirmação de sua mãe, correu para o quarto e pegou a bola, e depois a entregou para o seu pai. Assim, ela mostra que "dá bola" para o pai, sim, mas também deixa claro que compreende o discurso ligado ao brinquedo *bola*, e que não se apropria da bola como objeto, mas da significação que bola tem para ela naquele momento – que é mostrar que se importa com seu pai. Mais tarde, ao ouvir contarem essa passagem de sua vida, Flora ri muito, compreendendo a metáfora da bola usada antes.

Então, tanto Flora quanto outras crianças se apropriam de uma função externa de relação com o meio – como a conversa entre ela e seus pais e o brinquedo bola – e transformam em algo próprio delas. Isso indica que as crianças produzem sentidos pessoais para as palavras em diferentes situações sociais de desenvolvimento, ou seja, esses sentidos têm uma formação dinâmica, variável e complexa e estão intimamente relacionados com os significados sociais dessas palavras – sendo o significado delas mais estável, porém não constante, uma das zonas do sentido, como observado por Vigotski.

Segundo Vigotski, precisamos saber como as crianças tomam consciência ao atribuir sentido às vivências das brincadeiras, pois esse é o prisma que define o papel delas, ou seja, necessitamos conhecer o papel do meio em seus desenvolvimentos psicomotores, em suas personalidades, que aqui ganham sentido de subjetividades.

Subjetividades que propiciam o desenvolver da capacidade simbólica por meio das brincadeiras, da unidade fala-pensamento junto com o desenvolver da memória mediada, da atenção voluntária e percepção, enfim, das funções psicológicas superiores.

Essas funções, nos primeiros três anos de vida, segundo Vigotski, revelam um período estável da memória que permanece indiferenciada, participando da atividade de percepção – dificilmente encontramos crianças que tenham lembranças do que lhes aconteceu antes dos 3 anos de idade. Isso porque a memória mediada ganha evidência depois dessa idade, entra em período crítico e muda qualitativamente junto à unidade fala-pensamento que está se desenvolvendo também. Até os 3 anos, o pensamento das crianças está ligado ao que se vê, ao que se sente, ao concreto das relações sociais. Ele está voltado para as ações práticas – brincadeiras, alimentação, sono, conversas entre adultos e dos adultos com elas, objetos, animais. É um pensamento sincrético (que ainda não tem uma lógica definida, as crianças atuam por ensaio e erro), porém com predomínio da afetividade simbólica (afetividade que carrega a capacidade de simbolização do mundo e vice-versa, dado que afeto e cognição social situada não acontecem separadamente). Nesse período, a diferenciação entre as funções psicológicas superiores e dentro de cada uma dessas funções continua. Por exemplo, a atenção involuntária transforma-se em atenção voluntária quando bebês e crianças começam a ter mais controle do próprio corpo e voltam o olhar e o corpo todo em direção a algo ou alguém.

Começam a perceber as diferenças do que conta como menino e do que conta como menina para nossa cultura, e aqui queremos chamar a atenção para a prática e a visão discriminatória, negacionista dos adultos ou das instituições, isto é, as ideologias que emitem juízos de valor, ideologias que diferenciam meninos e meninas, por exemplo, pela cor das roupas, pelo tipo de brinquedo, pela decoração dos quartos. Muitas vezes, esses meninos e essas meninas reproduzem visões estereotipadas vindas dos adultos, mas muitas vezes não. Essas crianças apresentam práticas do que significa para elas ser menina e menino, negando esses estereótipos. Professores e pais necessitam estar atentos a essas práticas, no sentido de não discriminar ou rotular as crianças que estão em pleno voo de desenvolvimento. As amizades e os "namoros" se manifestam com mais visibilidade, assim como a imaginação e criação de brincadeiras com base na realidade cultural.

Crianças pequenas

SUGESTÕES DE LEITURAS

GOMES, M. F. C. *Memorial:* trajetórias de uma pesquisadora e suas apropriações da Psicologia Histórico-Cultural e da Etnografia em Educação. Curitiba: Brazil Publishing, 2020.

A autora desenvolve suas apropriações da Teoria Histórico-Cultural e da Etnografia em Educação que deram origem à unidade de análise *afeto/cognição social situada/culturas/linguagens em uso* (ACCL) que orienta pesquisas em sala de aula da educação infantil à educação de jovens e adultos.

PARAÍSO, M. P.; CALDEIRA, M. C. S. *Pesquisas sobre currículos, gêneros e sexualidades.* Belo Horizonte: Mazza, 2018.

As autoras deste livro trazem discussões muito importantes e desnaturalizam as relações entre currículos, gêneros e sexualidade, conceitos que estão relacionados e são muito importantes na formação de professores.

VIGOTSKI, L. S. *Imaginação e criação na infância.* São Paulo: Expressão Popular, 2018.

O autor analisa a unidade imaginação-criação para compreender o desenvolvimento infantil, elegendo as brincadeiras como atividades-guia desse desenvolvimento.

VIGOTSKI, L. S.; LURIA, A. *Estudos sobre a história do comportamento*: símios, homem primitivo e criança. Porto Alegre: Artes Médicas, 1995.

Vigotski e Luria nos presenteiam com análises históricas e dialéticas do desenvolvimento cultural do ser humano como humano que tem raízes sociogenéticas, filogenéticas e ontogenéticas.

VIGOTSKI, L. S. *Obras Escogidas.* Tomo III, Madrid: Visor-Aprendizaje, 1995.

Neste volume das *Obras Escogidas*, Vigotski dedica-se a estudar a formação das funções psicológicas superiores das crianças, que são de origem cultural, propriamente humanas.

Crianças maiores

O QUE SE DESENVOLVE EM CRIANÇAS DE 3 AOS 6 ANOS?

Neste capítulo, para melhor compreendermos a construção da subjetividade de crianças dos 3 aos 11 anos, vamos fazer uma divisão por grupos de idades – de 3 anos aos 6 anos e dos 6 anos aos 11 anos. Como já mencionamos, as idades são apenas referências cronológicas, não contemplam todos os aspectos da construção da subjetividade das crianças. O que significa que vamos priorizar as relações das crianças com os meios familiares e escolares, e não suas idades ou as crianças individualmente.

No Brasil, a maioria das crianças de 3 a 6 anos estão frequentando instituições de educação infantil, o que geralmente traz ganhos às crianças, expressos no desenvolvimento da unidade fala-pensamento, como a diversificação de vocabulário e a ampliação dos conceitos e compreensão do mundo, como se pode ver no diálogo entre Olívia e sua avó materna apresentado no box a seguir.

Psicologia Educacional

Olívia, primeira filha, com 3 anos e 1 mês à época da escrita deste livro, de cor branca, vive em um apartamento em cidade grande com seus pais e tem uma convivência de perto com a avó paterna, que vive também em outra grande cidade. Olívia costuma ir, com os pais e sua avó, a parques, museus, teatros, praças, piscinas de clube. Ela brinca com brinquedos variados e tem à sua disposição um pequeno parque de diversões na área privativa do prédio de sua avó. Convive também com os parentes maternos que moram em uma cidade do interior de Minas Gerais.

O evento que escolhemos para abrir os estudos e as discussões deste capítulo aconteceu em meio à pandemia, quando Olívia e seu pai passavam 15 dias de férias com a avó paterna.

QUADRO 1

Num desses dias, Olívia foi passear numa praça da cidade de sua avó. Ela viu uma pombinha lá no alto da torre e mostrou para a neta. Olívia disse: *"ela deve estar entediada"*. A avó levou um susto e perguntou: *"Como assim, Olívia?"*. Ao que Olívia respondeu: *"É, vovó, ela fica lá sozinha, sem amiguinha pra brincá, fica entediada"*.

Segundo a avó de Olívia, provavelmente, se não fosse pela pandemia, ela não faria uso nem conheceria a palavra "entediada". Isso nos chamou a atenção para pensar como a unidade fala-pensamento se desenvolve em crianças a partir dos 3 anos de idade quando o significado das palavras está se expandindo e se diversificando. O uso da palavra "entediada", dentro do discurso de Olívia, indica que ela se deixou afetar pela solidão da pombinha, pensou situada e socialmente, ou seja, naquela situação social de desenvolvimento, sobre essa solidão, que ela provavelmente sente por não poder frequentar a escola e *"não ter amiguinha pra brincá"*. Portanto, o que afetou Olívia trouxe à baila a indivisibilidade entre *afeto/cognição social situada/culturas/linguagens em uso* (ACCL).

64

Esse construto nos ajuda a perceber como Olívia se relacionou e se deixou afetar pelo impedimento de brincar com amiguinhas durante o período de restrições da pandemia da covid-19. Entretanto, é preciso prestar a atenção, em todos os momentos da vida das crianças, em tempos "normais", em como elas tomam consciência, atribuem sentidos e relacionam-se afetivamente com o que acontece à sua volta em suas vivências. Segundo Vigotski, a maneira de se relacionar com o meio cultural e social de cada criança é que se constitui no *prisma* que pode definir o desenvolvimento do caráter, da subjetividade de cada uma.

O processo de atribuição de sentidos ao que acontece no meio, necessariamente, implica o desenvolvimento do significado das palavras, dado que nos relacionamos com as pessoas pela mediação dos sentidos da fala, no caso dos ouvintes e falantes. Em cada idade, os significados mudam, dependendo do grau de consciência da criança sobre esses significados, os quais trazem consigo as marcas afetivas e cognitivas da cultura e das linguagens em uso pelas crianças e adultos.

Vigotski defendia que a palavra, como conceito, modifica-se, carrega a generalização, que é uma propriedade do pensamento; por sua vez, o pensamento se reestrutura por meio da fala. Portanto, a *transformação ocorre tanto na fala quanto no pensamento,* não sendo mais elementos separados. Forma-se um sistema de sentidos e significados da palavra, uma unidade dialética complexa do desenvolvimento infantil, promovendo o surgimento de algo novo nesse desenvolvimento. No caso desse diálogo entre Olívia e sua avó, o novo se manifestou na elaboração do sentido pessoal para Olívia relacionado com a situação em que se encontrava a pombinha e ela mesma. Ou seja, em virtude de não ser possível brincar com as amiguinhas, produziu, ao falar com sua avó, um significado social ao dar à sua interlocutora e a todos nós a oportunidade de compreendermos como ela se sentia naquele momento. Olívia operou com signos e não apenas com sinais, e os signos é que lhe dão a condição de entrada no que é próprio do humano – não nascemos humanos pela dimensão biológica, nos tornamos humanos na relação com outros humanos –, constituindo assim nossa forma própria de ser, estar e sentir o mundo, e transformamo-nos de seres sociais em seres individuais, pois, como vimos, não há nada mais social do que o processo de individuação, segundo Vigotski e Wallon.

Nesse período de 3 aos 6 anos, as crianças desenvolvem a capacidade de pensar, falar, produzir o ir e vir dos pensamentos, tirar conclusões do que lhes acontece.

QUADRO 2

Uma conversa entre Marina, uma menina de 11 anos, com sua prima, Luana, de 4 anos:

Luana pergunta à Marina sobre quantos anos ela mesma teria quando a prima tivesse 20 anos. Marina faz o cálculo e lhe informa. Luana continua perguntando até chegar aos 100 anos e Marina faz os cálculos. Em determinado momento Luana disse: *"Então você sempre vai ser maior do que eu"*.

Luana, a criança menor, foi capaz de ir e vir no pensamento e tirar a conclusão de que Marina sempre seria "maior" do que ela. Esse diálogo evidencia que, em determinadas situações sociais de desenvolvimento, as crianças antes dos 7 anos podem apresentar pensamento reversível, acompanhar o princípio, meio e fim das vivências, diferindo das conclusões piagetianas de que crianças até os 7 anos desenvolvem pensamento irreversível. Também enfatizamos que o fator idade não diz tudo sobre as capacidades das crianças. Por exemplo, se, por um lado, os cálculos das diferenças das idades entre as duas crianças não estavam ao alcance de Luana, de 4 anos, mas sim de Marina, de 11 anos, por outro lado, quem fez a observância da regularidade de sempre estar "maior" foi Luana. Portanto, argumentamos que diferentes tipos de pensamentos convivem e se manifestam de acordo com a situação social de desenvolvimento, e não apenas de acordo com o desenvolvimento individual e biológico das crianças.

Para o biólogo e psicólogo suíço Jean Piaget (1896-1980), as crianças de 2 a 7 anos de idade desenvolvem o pensamento irreversível, que se caracteriza por apresentar um começo de lógica, mas que ainda é preso ao concreto, ao que acontece no aqui e agora. Mais do que isso, elas não seriam capazes de ir e vir no pensamento, prestando atenção apenas ao início e fim das experiências. Ainda de acordo com Piaget, junto com esse tipo de pensamento, elas apresentam pensamento mágico e egocêntrico, não sendo capazes de se colocar no lugar dos outros, de seus sentimentos. Pelo que vimos estudando neste princípio de capítulo e nos capítulos anteriores, isso não é bem verdade. Mostramos como desde cedo os bebês se preocupam com a dor do outro, podem brincar juntos, de roda, com livros, ouvir histórias e apresentar pensamento reversível dependendo da situação social de desenvolvimento. Assim como Olívia se preocupou com a "dor" da pombinha, que possivelmente era sua dor também, Luana pôde ir e vir no pensamento aos 4 anos de idade. Isso nos possibilita ir além na análise do desenvolvimento individual das crianças, pensando também do ponto de vista das vivências, das situações sociais de desenvolvimento.

Dito isso, trazemos como exemplo um diálogo entre Maria e sua avó materna referente à pandemia da covid-19, situação que assombra neste século XXI tanto as crianças quanto os adultos.

QUADRO 3

Em 2020, início da pandemia, Maria estava com 3 anos e 10 meses. Por atuar em um Centro de Treinamento Intensivo como fisioterapeuta, nos primeiros três meses a mãe de Maria considerou como mais prudente não se encontrar presencialmente com a filha. Sendo assim, Maria ficou sob os cuidados dos avós maternos. Os encontros com a mãe aconteciam por chamadas de vídeo. E nesses tempos difíceis foi necessário criar narrativas para que Maria pudesse lidar com a ausência física da mãe.

Então, a mãe construiu a narrativa de que estávamos em uma guerra e que ela estava distante porque estava lutando contra o vírus. O acontecimento que narramos diz respeito a uma das inúmeras conversas sobre o vírus e sobre a pandemia.

Maria: Vó, minha mãe trabalha para matar o vírus?
Vó: Sim.
Maria: Então minha mãe está em uma guerra?
Vó: Sim.
Maria: Qual arma minha mãe usa?
Vó: Touca, roupa especial, luvas, álcool, máscara e está se alimentando bem para ficar forte.
Maria: O que ela faz na guerra?
Vó: Sua mãe trabalha cuidando dos feridos na guerra, das pessoas que foram atacadas pelo vírus. Então, ela ajuda quando a pessoa está com problemas para respirar.
Maria: Então ela só vai voltar quando terminar a guerra? São muitos vírus. Eles são fortes e vão matar a minha mãe.
Vó: Ela não está sozinha. São muitas pessoas que estão lutando com ela. Juntos eles também ficam fortes. E estamos aqui rezando para que, a cada dia, eles fiquem cada vez mais fortes. Mas se o vírus pegar sua mãe e ela morrer, fica tranquila que ela estará em um lugar onde ficam as mães. De lá elas podem cuidar dos filhos.
Maria: Vó, se minha mãe morrer, ela vai para onde?
Vó: Vai virar uma estrela e brilhar no céu.
Maria: Vó, ela pode ir morar em uma estrela, mas virar uma estrela eu acho que não. Estrela é igual a lua, é um lugar. Minha mãe não vai virar um lugar.
Vó: Tem razão, ela vai morar em uma estrela.
Maria: Vó, não vou chorar mais quando minha mãe ligar, senão ela vai ficar triste e o vírus pode aproveitar e pegar ela. E vou rezar todo dia para esta guerra acabar. Vó, me ensina rezar?
Vó: Hoje à noite vamos rezar juntas, antes de dormir.

Esse diálogo nos faz refletir sobre as possibilidades de como as crianças se relacionam com as vivências culturais e de como é possível criar Zonas de Desenvolvimento Iminentes em colaboração, em compartilhamento de saberes e vivências que podem promover o ir além do que se espera no desenvolvimento de uma criança individualmente. Maria, tentando compreender por que sua mãe se encontrava distante, retira informações de sua avó materna sobre os motivos pelos quais não pode estar fisicamente com ela. Essas informações remetem-lhe ao conceito de morte, que normalmente consideramos exigir muita abstração para uma criança de 3 anos compreender. A metáfora da guerra permite à Maria pensar e dizer sobre a possibilidade de sua mãe morrer, e a conversa se encaminha para este conceito, fazendo com que Maria discorde de sua avó – *"a mãe não pode virar estrela porque ela não é um lugar"*, argumento que é aceito pela avó, que se corrige e diz que a mãe vai "morar" em uma estrela. Isso provoca em Maria uma transformação, ao dizer que não vai mais chorar quando a mãe ligar para não fragilizá-la – e sabe que há o recurso da reza, possivelmente usado pela família, para que a guerra acabe.

Aqui podemos dizer, junto com Vigotski, que as palavras carregam generalizações, afetos, sentidos e significados. Elas não são sons vazios. Palavras como "morrer", "virar uma estrela", "morar em uma estrela", "chorar", "rezar" são carregadas de significados sociais e foram ressignificadas por Maria e sua avó no curso desse discurso. Isso demonstra que o ser humano é capaz de produzir sentidos pessoais para as experiências, transformando-as em vivências que, por um lado, dizem respeito ao que acontece em seu entorno, e, por outro, como cada um, pessoalmente, significa o acontecimento.

Resumindo, podemos argumentar que Olívia, Marina, Luana e Maria apresentaram desenvolvimento das funções psicológicas superiores envolvendo fala-pensamento; memória-pensamento; afeto-cognição, pessoa-meio, nos levando a pensar que estão se desenvolvendo por inteiro. Ou seja, ao desenvolverem a inteligência, desenvolvem-se como pessoas. Desenvolvem a capacidade de explicar, como Wallon defendia, de determinar as condições de existência ao explicar o que acontece em seu entorno e com elas mesmas. Isso lhes possibilita compreender as relações espaciais, temporais, dinâmicas, causais e modais. Dessa feita, encaminham-se para a superação do pensamento sincrético, conquistando a possibilidade de desenvolver a afetividade categorial, como veremos mais para frente, a partir dos 6 anos de idade.

O QUE SE DESENVOLVE EM CRIANÇAS DOS 6 AOS 11 ANOS?

Desde 2006, no Brasil, as crianças com 6 anos de idade, ao frequentarem a escola, são matriculadas no ensino fundamental (duração de 9 anos). Nesse período da vida, elas iniciam os processos de instrução-desenvolvimento formal da leitura, escrita, cálculos e outras disciplinas que nem sempre estão presentes no currículo da educação infantil. Portanto, junto às brincadeiras, as atividades escolares tomam centralidade nas vidas dessas crianças. É desta centralidade que vamos tratar nesta seção.

QUADRO 4

Para discutirmos sobre o papel da escola no desenvolvimento das crianças, vamos recorrer à unidade de análise instrução-desenvolvimento pensada por Vigotski para compreender o que se desenvolve nesses contextos escolares:

"[...] existe um processo de instrução; que tem sua estrutura interna, sua sucessão, sua lógica de desenvolvimento. E interiormente, na cabeça de cada um dos alunos, existe uma rede interna de processos que vêm à luz e se movem durante a instrução escolar, mas possuem sua própria lógica de desenvolvimento. Uma das tarefas principais da psicologia da instrução escolar consiste em descobrir essa lógica interna, esse desenvolvimento interno, que depende do curso diferente da instrução."

(VIGOTSKI, L. S. Estudio del desarrollo de los conceptos científicos en la edad infantil. *Obras escogidas*, tomo II, Madrid: Visor Aprendizaje, 1995, p. 237, tradução nossa.)

Dessa forma, os processos de instrução-desenvolvimento devem olhar para o futuro, para o que ainda pode acontecer em colaboração, dentro e fora da sala de aula, como vimos no diálogo entre Luana e Marina na página 66. Esta última, com 11 anos, já podia fazer as operações mentalmente, fazer, portanto, previsões com segurança e autonomia. O mesmo acontece com uma criança de 8 anos que faz uso da linguagem escrita para pedir socorro à sociedade, conforme quadro a seguir.

QUADRO 5

Reportagem de *O Globo*, do dia 28/11/2021, divulgou a redação de uma criança de 8 anos, em avaliação escolar, pedindo socorro para sua família – *"Por favor me ajuda. Meu pai bate na minha mãe. Chama a polícia pra mim!"* Isto aconteceu no Vale do Anari, Rondônia, a 330 quilômetros de Porto Velho; a família ficará sob proteção enquanto aguarda decisão da Justiça.

Neste pedido de socorro está explícita a tomada de consciência da criança de como fazer uso da linguagem escrita para ajudar sua família. Por meio da unidade instrução-desenvolvimento, podemos perceber o que está implícito aqui. Essa criança não agiu sozinha, por detrás desse ato de coragem em denunciar a violência em família, de seu pai contra sua mãe, ela demonstra capacidade de reflexão sobre funções e usos da linguagem escrita que sem a instrução/ensino não seria possível. Portanto, instrução/autoinstrução/desenvolvimento estão juntos, agem indivisivelmente. Podemos ver que essa criança se colocou no lugar de sua mãe, sentiu a sua dor, se afetou e se mobilizou para pedir ajuda externa para modificar a cultura de violência contra a mulher em sua casa.

Torna-se visível que a instrução tem um curso próprio de desenvolvimento, assim como na cabeça de cada criança há uma rede de processos internos que se movimentam e se dão a ver nos processos escolares e fora deles. A instrução é uma atividade que pode gerar desenvolvimento, por isso deve estar sempre à frente dele e não o seguindo como uma sombra.

Psicologia Educacional

Não se pode dizer do que uma criança é capaz, apenas pelo que ela faz sozinha, mas sim quando está trabalhando nas atividades escolares em colaboração, sob a orientação de alguém que a fortaleça para resolver as tarefas escolares e fazer uso delas em seu próprio benefício. A instrução de se escrever um texto possibilitou à criança o desenvolvimento do uso da linguagem escrita para solucionar um problema em sua casa. A instrução e autoinstrução para resolver operações mentalmente possibilitaram à Marina colaborar com Luana e as duas conjuntamente desenvolvem a capacidade semiótica de explicação de que Marina sempre será maior do que Luana no que se refere ao fator idade.

Aqui não há preocupação central com a aprendizagem como resultado, como escrita correta ou ortográfica ou operação matemática certa, mas com a criação de Zona de Desenvolvimento Iminente, porque as crianças, na escola, aprendem o que ainda não sabem, aquilo que só podem realizar com a colaboração de outrem. Na instrução-desenvolvimento o que é fundamental é o novo que se pode aprender. O bom ensino/instrução é aquele que se adianta ao desenvolvimento; as possibilidades de instrução devem se orientar pela Zona de Desenvolvimento Iminente. A situação social de desenvolvimento criada pela escrita de textos e, possivelmente, pelas orientações da professora – Para que se escreve? Para quem? Como? Por quê? Com quem? Sob que circunstâncias e resultados? – permitiram o desenvolvimento mental e cultural da criança da reportagem do jornal *O Globo* e nos faz reconhecer a importância do meio escolar como fonte de desenvolvimento das crianças.

Necessário deixar claro que não tratamos instrução como transmissão de conhecimento pronto e acabado para ser memorizado, treinado. Primeiramente, instrução faz uma unidade com o desenvolvimento, são indivisíveis; unidade que tem relações íntimas com a aprendizagem, que é vista como o resultado desse processo de instrução-desenvolvimento, resultado palpável, visível, sempre em transformação, assim como o desenvolvimento, sendo ambos sociais e situados nos meios escolares e familiares e acontecem sempre em diálogo, interação, argumentação – a instrução/autoinstrução é vista aqui como uma construção coletiva.

Nesses meios acontecem as vivências. No caso da criança da reportagem, quando ela e seus familiares vivem a situação de violência doméstica, ela reage diferentemente deles, fazendo uso da linguagem escrita. Sabemos que vivência para Vigotski significa isto: viver uma situação social de desenvolvimento, coletivamente. Porém *como* cada um de nós vive a situação social, *como* cada um de nós é afetado por ela e reage a ela, podemos dizer que essa é uma experiência coletiva que se transformou em vivência, modificando o meio e cada um em particular. Isso é criar algo de novo, nas mentes e corpos dos alunos, é possibilitar o desenvolvimento cultural dessas crianças.

No diálogo entre Olívia e a avó, na página 64, percebemos que a criança constrói um conceito relativo à condição humana que diz respeito ao estar sozinha, à amizade, à interação, ao brincar, ao tédio produzido em determinada situação imposta à condição humana ao usar o vocábulo "entediada". Esses conceitos se evidenciaram e puderam vir à tona devido à cena da pombinha solitária no alto de uma torre. Na escrita da criança da reportagem, outra condição humana se apresenta referente ao pedido de ajuda para a violência contra a mulher acontecida dentro de casa. No diálogo entre Maria e sua avó, dá-se a ressignificação do conceito de morte, por ambas, assim como da mudança de atitude da criança em relação à sua mãe para o choro não ser a causa de sua morte, quando se falavam por meio de chamadas de vídeo.

Por estarmos vivendo situações muito angustiantes neste século XXI, ficou muito nítido a necessidade de familiares, professores e crianças conversarem sobre a pandemia da covid-19. Entretanto, essas práticas culturais podem e devem ser pensadas e refletidas em relação a diferentes contextos ao longo de nossas vidas. Ou seja, os aprendizados da pandemia podem ser extrapolados. Na interação na tela, no trabalho remoto de uma professora alfabetizadora com crianças de 8 e 9 anos, do 1º Ciclo de Alfabetização, em uma escola pública de ensino fundamental, essa condição da infância pode ser também percebida e compreendida quando oportunizamos o tempo para os alunos expressarem os sentimentos e relatarem suas vivências durante a pandemia da covid-19. Relatos orais e escritos, por diversas vezes, deixaram antever muita angústia, tristeza, ansiedade, medo, solidão, saudade, insegurança, expectativas e tensão. Apresentamos alguns depoimentos de crianças quando elas foram instigadas a socializar o que é "ser criança na pandemia" através de dois projetos: "Vacinação" e "Minha família é presente na escola".

Os discursos escritos foram postados pelas crianças na plataforma Moodle e socializados na turma por meio de um fórum virtual. Eles apontam para a construção de conceitos de infância, num dado momento vivido, que compreendeu o tempo de afastamento da escola. A pandemia de covid-19 impôs a essas crianças o distanciamento social por aproximadamente dois anos, período em que todas as práticas escolares aconteceram de modo remoto. Nesse tempo, foram desenvolvidas atividades assíncronas, com postagens de atividades de todas as disciplinas curriculares, e atividades síncronas, com encontros na tela com as crianças. A construção de novos modos de instrução-desenvolvimento se deu no fazer cotidiano entre crianças, docentes e seus familiares. Os registros mostram que uma nova construção sobre o que é ser criança se configurou nesse percurso de distanciamento social em meio aos parâmetros sobre as vivências do que se tinha sobre o que "era ser criança" antes da pandemia. Assim, tratamos aqui da construção de novos significados e sentidos guiados por novas relações sociais instauradas no Ensino Remoto Emergencial (ERE).

Os depoimentos a seguir podem nos ajudar a compreender um pouco mais sobre a constituição da subjetividade das crianças neste momento histórico de pandemia da covid-19. Elegemos quatro que consideramos mais significativos ao nosso estudo neste capítulo. As crianças que produziram esses depoimentos são: Alfredo, de 9 anos, não declarou a raça, classe média, com grande interesse em jogos eletrônicos e personagens de desenhos e filmes diversos e com acesso fácil a esses jogos e outros brinquedos; Vicente, de 8 anos, cor branca, classe média, tem acesso a espaços diversos de lazer, gosta de passear de bicicleta e tem acesso a quadras de esportes; Kátia, de 8 anos, cor parda, classe média, tem acesso a espetáculos, cinema, eventos para o público infantil; e Marcela, de 8 anos, cor branca, classe média, criança tímida, relata pouco sobre as vivências familiares. Dizem eles sobre o "ser criança na pandemia":

> *"Ser criança na pandemia é ruim, chato e irritante. Eu tive que parar de sair porque eu estava saindo muito antes da pandemia."* (Alfredo)

> *"Ser criança na pandemia é muito ruim. Ficar em casa sem poder sair. Tivemos que parar de ir para a escola, brincar com os amigos, passear nos parques, shopping, viajar. Mudei a rotina do dia, horários de dormir e acordar. Começamos a usar máscaras e passar álcool o tempo todo para fazer a higiene das mãos. Passamos a estudar pelo computador, que não foi um coisa ruim, mas gosto muito mais de ir para a escola estudar com a professora e ver meus amigos. Descobri que podemos cumprimentar as pessoas sem abraçar e beijar. Também uma forma de estudar sem ter que sair de casa. Hoje graças a Deus e aos cientistas, nós já podemos ir para a escola e passear sem ter tanta preocupação com o Coronavírus. Espero que tudo volte ao normal logo."* (Vicente)

> *"É muito chato porque a gente não pode sair pra passear, não pode ir à escola nem brincar com os coleguinhas. Mas graças a Deus já está passando e em breve tudo vai voltar ao normal."* (Kátia)

> *"No início foi legal ficar em casa. Brincar com a família, com meus brinquedos, cuidar dos animais. Depois começou a ficar chato, senti falta das pessoas, da escola, de passear. Tivemos que acostumar a usar máscara para fazer as coisas."* (Marcela)

O que podemos perceber entre o diálogo de Olívia de apenas 3 anos com a sua avó e as reflexões das crianças de 8 e 9 anos de uma turma do 3º ano do ensino fundamental em interação com a docente é que a construção do que é ser criança se dá em meio a uma condição fundante do ser humano – sentir, pensar, falar com o outro, da amizade, dos colegas, dos amigos, do brincar –, que impacta e descortina essa oposição em que se instaura o tédio, a irritação, o chato e o ruim. Isso se contrapõe com os conceitos de ser criança antes da pandemia – crianças que podiam sair muito, passear, abraçar, beijar, conviver com familiares e amigos sem preocupação de adoecer.

Crianças com 8 e 9 anos de idade podem refletir sobre si mesmas, fazer uso da metacognição e tomar consciência de seus processos de instrução-desenvolvimento e aprendizagem sem deixar de lado as emoções e a afetividade. O que observamos em todos os discursos é que houve um predomínio dos adjetivos que expressam os sentimentos – *chato* e *ruim* – para conceituar o ser criança na pandemia. A ausência da escola e a impossibilidade de ver os amigos e brincar também estão presentes. A restrição para ver os avós, comemorar os aniversários, brincar nas pracinhas e em espaços comumente explorados em família foram também destacados como causa dessa condição de ser ruim e chato ser criança na pandemia. O uso de máscaras também foi apresentado como algo limitador e imposto nesse momento.

Cabe destacar que alguns registros fizeram menção à importância dos cientistas e a contribuição deles para minimizar os impactos vividos, tal como se vê no trecho: *"Hoje graças a Deus e aos cientistas, nós já podemos ir para a escola e passear sem ter tanta preocupação com o Coronavírus"*. A contribuição da ciência se apresenta como possibilidade para saída dessa condição vivenciada na infância no período da pandemia. A volta ao convívio com colegas e professores nas escolas trouxe alegria às crianças e preocupação aos professores de evitar o contágio, pois as crianças querem estar juntas abraçando-se, beijando-se e brincando.

Considerando os anos iniciais do ensino fundamental, faixa etária de 6 a 8 ou 9 anos, a prática escolar vivenciada pelas crianças dessa turma possibilitou o acesso sistemático às atividades de leitura e de escrita por meio de cartazes, desenhos e pequenos textos. Além desses aspectos, a professora construiu junto à turma a consciência da importância do papel de cada um para minimizar os impactos da transmissão do vírus e a importância das vacinas.

Quando a vacina já se tornava algo no horizonte de brasileiros, as crianças relatavam o desejo de serem vacinadas e explicitavam o sentimento de injustiça por não serem contempladas na campanha. Em um dos encontros síncronos, uma criança afirmou: *"Criança também tem direitos! Como vamos brincar, sair de casa e ir para a escola? Assim como os adultos, nós também precisamos da vacina."*

O cartaz a seguir mostra como a criança ressignificou os conhecimentos após as discussões sobre como a vacina atuaria no nosso organismo.

Arquivo pessoal de Kely Nogueira Souto

Desenho de Mariana, 8 anos, branca, com acesso a brincadeiras
e atividades infantis proporcionadas pela família

Esse cartaz mostra a sensibilização para a importância de mantermos os cuidados mesmo após a vacinação. O desenho apresenta a cena lúdica em que a criança está num campo de futebol, junto ao seu cãozinho e a sua família e garantindo a presença do álcool em gel para a proteção de todos. As figuras humanas adquirem a aparência do Zé Gotinha (mascote das campanhas de vacinação infantil) pela forma apresentada em seus rostos. Isso mostra o significado atribuído à importância da vacinação, já que nessa cena todos estariam vacinados e livres para brincar, sair e se divertir.

Os cartazes são gêneros discursivos que circulam na sociedade e que usamos em nosso cotidiano. Na situação social de desenvolvimento escolar podem ter outros usos e funções, como a de produção de sentidos para a vacinação contra a covid-19 tendo como base a realidade vivenciada pelas crianças e suas famílias. As crianças produziram escritas nos cartazes que dizem: *"Quem ama vacina"*; *"É muito importante vacinar, assim teremos mais saúde"*; *"Vacinar é cuidar"*; *"Vacina sim pra gente ficar legal"*; *"Use máscara depois de vacinado"*.

A prática de elaboração dos cartazes potencializou a maior interação das crianças com a linguagem escrita e, a cada cartaz postado, muitas leituras surgiram e puderam ser apreciadas e analisadas pelas crianças. Essas leituras saíram dos muros da escola e envolveram o trabalho "A escrita de textos em meio à pandemia: crianças de 8 anos elaboram cartazes em defesa da vacinação", desenvolvido nas aulas de Língua Portuguesa, que foi apresentado na 9ª Feira Brasileira dos Colégios de Aplicação e Escolas Técnicas (Febrat), 2021. Os cartazes, de maneira geral, já eram de conhecimento das crianças em momentos anteriores à pandemia, dada a prática letrada assegurada pela docente. Nesse sentido, essa condição facilitou a produção e a apresentação dos cartazes, utilizando-se as linguagens da escrita e do desenho, de modo a mobilizar vários conhecimentos.

Cabe destacar que a produção escrita e a construção de diversos conceitos relativos à ciência, à saúde, à pandemia, à proteção, ao vírus, ao cuidado, entre outros, foram tomando novos contornos ao longo desse percurso de dois anos. Tais conceitos foram revelados e reconstruídos em meio a uma condição que reconhecia, a todo momento, as angústias relativas ao adoecer, que não estão vinculadas apenas ao momento pandêmico, mas às múltiplas vivências das crianças. Nesse sentido, realçamos a importância da sensibilidade dos adultos, dos professores, para reconhecer essas angústias e ansiedades, mas também as alegrias, enfim, os múltiplos sentimentos que afetam as crianças e oferecer a elas ajuda na superação quando necessário, seja nas famílias ou nas escolas, por meio de atividades coletiva e individual. Chamamos a atenção, portanto, à dialética coletivo-individual nas salas de aula que possibilita que se pratique os ensinamentos escolares como atividades humanas, e não apenas como aquisição de habilidades individuais de leitura e escrita, por exemplo.

Resumindo, podemos trazer o construto teórico-metodológico *afeto/cognição social situada/culturas/linguagens em uso* (ACCL), em movimento, agindo holisticamente e, possivelmente, produzindo uma transformação no meio cultural das famílias, das escolas e em todos os seus membros, em particular. De acordo com Wallon, o desenvolvimento infantil passa por mudanças das relações entre afetividade e intelecto, entre emoção e razão. Portanto, esse movimento vai da afetividade emocional ou tônica, passando pela afetividade simbólica e afetividade categorial.

Neste capítulo, a afetividade simbólica e a afetividade categorial estão em evidência no desenvolvimento das crianças. No início, a função simbólica está muito ligada às manifestações psicomotoras que, ao serem internalizadas, provocam a redução do diálogo tônico. Há uma transição do ato motor ao ato mental, por meio de rupturas e descontinuidades. A imitação ganha destaque, passando de imitação sensório-motora, com movimentos da ação que acontecem aqui e agora, para a imitação diferida, que é realizada longe do modelo, tornando sua natureza simbólica inquestionável, nos ensinam Wallon e Vigotski. Imitação que envolve afeto e cognição, emoção e razão, por isso pode ser vista como afetividade simbólica. Assim, as crianças lidam com os movimentos, com a incontinência exploratória de maneira direta, instrumental e com a maneira simbólica quando o objeto (por exemplo, pombinha, nomes, pássaros) não é mais como se apresenta, mas como significa e faz sentido para elas. A intensa atividade cognitiva dessa fase dá lugar a uma igualmente intensa atividade de construção de si. Agora, instrumentada pela função simbólica, a percepção de si poderá transformar-se em "consciência de si" ampliando-se na direção do passado e do futuro.

Dos 6 aos 11 anos, há o predomínio da afetividade categorial, aquela caracterizada pela "categorização" do mundo, que tem nos signos sua centralidade. A representação da realidade descola-se das coisas, dos objetos, e há um grau maior de abstração. É necessária uma espécie de busca de entendimento com o outro, tendo a vivência sociocultural como central. Expande-se a capacidade de definir e explicar das crianças, que caminha na direção da superação do sincretismo, diferenciando e integrando; analisando e sintetizando; produzindo relações articuladas entre as coisas; ampliando o alcance da inteligência e a possibilidade de construção de si mesmo podendo agora argumentar, discutir, propor, reivindicar.

Entretanto, concordando com Wallon e Vigotski, esse movimento é feito por ziguezagues, idas e vindas, saltos e retrocessos, podendo os adolescentes e adultos manifestarem pensamentos sincréticos em alguma situação social e atuar simbolicamente mantendo a relação próxima ao concreto dos objetos ao construírem seus conhecimentos. Sincretismo que não é sinônimo de centração, de egocentrismo, mas de possibilidade de criação que não precisa ser referente a uma grande obra conhecida por pessoas, mas pode se referir a algo interno a elas, um pensamento, um sentimento que sejam novos – a atividade criadora é uma atividade humana e anda junto com a imaginação.

Para que a criação e imaginação evoluam é necessário que a unidade fala-pensamento também se desenvolva proporcionando às crianças a possibilidade de atribuir sentidos pessoais e significados sociais ao mundo e a si mesmas. Para isso, a tomada de consciência e a constituição da subjetividade por meio das relações intersubjetivas devem contar com a mediação semiótica (mediação feita por meio de sistemas de signos) em pleno movimento nas mentes e corpos das crianças.

Semiótica e cognição andam juntas sempre aliadas às vivências afetivas das crianças, ao contexto de uso das linguagens. Essas vivências e contextos referem-se à ação criadora humana, à atividade humana de criar e agir sobre os instrumentos técnicos e semióticos e transformá-los em produções culturais, ao mesmo tempo que transforma as pessoas ao adquirirem saber sobre esses instrumentos que são fonte e produto de conhecimento.

Ou seja, é a ressignificação pela pessoa de uma relação com o meio já significada socialmente que caracteriza sua capacidade de mediação semiótica. Por isso, há uma ativação da unidade fala-pensamento em direção à capacidade de categorizar o mundo, ou seja, à capacidade de definir, contrapor, raciocinar, concordar, argumentar e explicar, isto é, uma atividade semiótica específica de cada um de nós. Esse processo começa quando os bebês apontam, choram, balbuciam e os adultos atribuem significado ao apontar, ao choro e ao balbucio por meio da fala. O que as crianças e todos nós vemos não são objetos, mas objetos que têm nomes, como bola, pomba, pássaro, cavalo, vacina, álcool em gel e máscaras, por exemplo. Apropriamo-nos do significado dos objetos, não deles mesmos, porque são objetos semióticos e o que os torna semióticos é a significação que têm para o grupo social, e não sua semelhança com o objeto representado, semelhança esta que nem sempre existe, nos ensina o professor-pesquisador Angel Pino. Esse processo de significação é um processo inacabado, o que nos encaminha para uma outra crise na construção da pessoa, do Eu, a crise da adolescência, dos adolescentes, esses incompreendidos que discutiremos no próximo capítulo.

SUGESTÕES DE LEITURA

MARCUSCHI, L. A. Gêneros textuais: definição e funcionalidade. In: DIONISIO, A. P.; MACHADO, A. R.; BEZERRA, M. A. (orgs,). *Gêneros textuais e ensino*. Rio de Janeiro: Lucerna, 2008.
  Neste capítulo, Marchuschi revela-nos o papel dos gêneros discursivos e esclarece sua definição, pois nós, seres humanos, produzimos discursos por meio de diferentes gêneros, falados, desenhados e escritos.

PIAGET, J. *A equilibração das estruturas cognitivas*: problema central do desenvolvimento. Rio de Janeiro: Zahar, 1976.
  Piaget discorre sobre o processo de construção das estruturas cognitivas das crianças com base no conceito de equilibração.

PINO, A. Semiótica e Cognição na Perspectiva Histórico-cultural. In: *Temas de Psicologia*, n. 2, Ribeirão Preto, PePSIC: Periódicos Eletrônicos em Psicologia, 1995.
  Neste texto, publicado em *Temas em Psicologia*, Pino oferece um texto que esclarece a relação entre semiótica e cognição, definindo com clareza semiótica, mediação semiótica e suas relações com a cognição.

SALVADOR, C. C. et al. *Psicologia da Educação*. Porto Alegre: Artmed, 1999.
  Obra que parte dos problemas educacionais dentro e fora da escola para estudar o conteúdo da Psicologia da Educação do ponto de vista histórico.

VIGOTSKI, L. S. *Obras Escogidas*, tomo II. Madrid: Visor-Aprendizaje, 1993.
  Este tomo trata da unidade de análise fala-pensamento, central na obra de Vigotski para compreender o desenvolvimento cultural das crianças.

WALLON, H. *Do ato ao pensamento*: ensaio de psicologia comparada. Petrópolis: Vozes, 2008.
  Neste livro, o autor desenvolve sobre as relações entre ato motor e ato mental permeados pelas emoções ao estudar o desenvolvimento infantil.

Adolescentes

ADOLESCENTES:
ESSES ESTRANHOS INCOMPREENDIDOS

Quem são os adolescentes do século XXI, ou seja, os próprios sujeitos "incompreendidos", mas igualmente visados de nossos tempos, que se encontram em plena transformação corporal, cognitiva e psicossocial? Como conceber suas indecisões subjetivas e suas incertezas sociais para poder acolhê-los, não sem dificuldades, nas nossas instituições educativas? Quais poderiam ser as formas de a Psicologia Educacional interpretá-los ou teorizá-los na atualidade, quando, inevitavelmente, as sociedades ocidentais têm contribuído para certo apagamento da diferença geracional ao levar todos nós a sermos cada vez mais juvenis e digitais?

QUADRO 1

"Leitor, sinto que vós e eu não veremos jamais meu Emilio sob os mesmos traços; vós o imaginais sempre semelhante a vossos jovens, sempre avoado, petulante, volúvel, deambulando de festa em festa, de divertimento em divertimento, sem nunca poder fixar-se em nada. Rireis de me ver fazê-lo um contemplativo, um filósofo, um jovem ardente, vivo, entusiasta, fogoso, na idade mais ativa de sua vida. Direis: este sonhador continua a perseguir sua quimera; dando-nos um aluno de seu gosto, não o forma apenas, ele o cria. Eu, comparando meu aluno aos vossos, mal descubro o que podem ter em comum [...]. A regra a que os submeteram na infância; essa regra torna-se o flagelo deles, eles a têm em horror, nela só veem a longa tirania dos mestres, acreditam só sair da infância sacudindo qualquer espécie de jugo, ressarciam-se assim da longa opressão em que foram mantidos, assim como um preso, livres de seus ferros, estica, agita e dobra os membros."

(ROUSSEAU, J-J. *Emílio ou Da educação*. 3. ed. Rio de Janeiro: Bertrand Brasil, 1995, p. 372.)

Com *Emílio,* o filósofo Jean-Jacques Rousseau (1712-1774) antecipava o que somente séculos depois inúmeros autores de nosso tempo definiriam como adolescência, do latim *adolescere* (crescer): um momento de passagem, "a mais delicada das transições". Estar nesse momento não é nada fácil, já que leva seus sujeitos a se situarem estranhamente entre dois lugares e não pertencerem a nenhum: nem à infância, muitas vezes idealizada, cuidada e protegida – ainda que não raramente ameaçada ou maltratada –, nem à idade adulta que garantiria a esses sujeitos alguma autonomia para responderem e se responsabilizarem por seus próprios atos do ponto de vista econômico, jurídico, social, político e sexual.

O adolescente, longe de ter conquistado tal autonomia e não mais gozando da idealização infantil, parece mesmo ser resultante de lugares polarizados, ambíguos e pendulares. Ele deixou de ser uma coisa, mas ainda não se tornou outra. Como diz o psicanalista austríaco Sigmund Freud (1856-1939): "é a perfuração de um túnel a partir dos dois lados" e o difícil (ou impossível) encontro apaziguado de ambas as escavações.

A alegoria do túnel parece providencial para se entender o curto-circuito psíquico, social e corporal em que se acha o sujeito adolescente (Quadro 2). Ele passa a *genitalizar* seus impulsos de desejo ao eleger um objeto sexual fora de seu corpo e fora do núcleo edipiano. Deixa a condição de "sua majestade, o bebê", epicentro da família, para buscar seu prazer através do genital e do corpo do outro. Para isso, o adolescente necessita fazer um árduo trabalho psíquico de desinvestimento de seus primeiros objetos narcísicos de amor. Em decorrência, diversas formas de luto são experimentadas: luto pela perda do lugar de epicentro familiar, luto pela desidentificação com os pais ou primeiros responsáveis, luto pela mudança do corpo infantil e luto pelo declínio de certa supremacia psíquica, egocêntrica e cognitiva da criança posta em questão com a aproximação da puberdade.

Por outro lado, é momento em que o sujeito passa a operar conceitos formais, a afirmar seus ideais e seus ídolos, a estabelecer agrupamentos fora do circuito familiar, seus parceiros sexuais, amorosos, de amizade, de redes virtuais e também a definir a inscrição social de seus gêneros e sexualidades (tomados no plural, como se manifestam hoje). Mas tanto os lutos quanto as operações, afirmações e definições não mitigam o curto-circuito psíquico do desenvolvimento adolescente, nem a sensação de exílio a que se vê defrontado. Ao contrário, fomentam-nos e podem levar tal sujeito em formação a buscar resoluções que desemboquem muito frequentemente em ambivalências, errâncias, conflitos, choques geracionais e demais impasses de seu túnel precariamente perfurado.

> ## QUADRO 2
>
> Freud reconhece a "puberdade" – termo com o qual trata a "adolescência" no início de seus trabalhos – como um túnel em que um lado responde à "exigência cultural da humanidade [...] para produzir unidades sociais mais elevadas e atua no sentido de afrouxar em cada indivíduo, especialmente no jovem, os laços com a família, que eram os únicos decisivos na infância". Trata-se "de uma das realizações psíquicas mais significativas e também mais dolorosas da época da puberdade: o desprendimento da autoridade dos pais, através do qual se cria a oposição tão relevante para o avanço cultural da nova geração em face da antiga".
>
> (FREUD, S. *Três ensaios sobre a teoria da sexualidade*. São Paulo: Companhia das Letras, 2016, pp. 121, 147 e 149.)

Os efeitos desses impasses são, hoje, muito visíveis: adesão sem medida ao mundo virtual, às redes sociais, aos *games*, aos influenciadores digitais, às mídias sensacionalistas, a agrupamentos de pares da mesma idade, assim como provocações de linguagem, escárnio de figuras de autoridade, apatia ao que não é de interesse, hipererotização sem inibição, inscrições no corpo, marcas no território, abuso de drogas, podendo chegar até a radicalidade da delinquência, do autoflagelo ou do suicídio. Não é de se estranhar por que muitos apelam às "condutas de risco" numa clara busca por assegurar o valor da existência, por afastar o medo da inconsistência e da insignificância. Tais manifestações podem ser consideradas tentativas de resolução de angústias e impasses existenciais contra uma sociedade que lhes nega pleno reconhecimento.

Em razão desse momento de passagem que as sociedades ocidentais produziram ao longo do século XX, o sujeito adolescente tende a apresentar dificuldades para encontrar um lugar de representação no espaço social, pois ele parece ser mesmo um indivíduo que atingiu certa maturidade, mas sem que essa maturidade seja reconhecida simbolicamente como tal.

Daí haver algo específico sobre sua constituição psíquica ou mental que passamos a estudar neste livro. Examinar as inter-relações dos adolescentes, suas formas de produzir pensamentos e conceitos, suas sociabilidades, seu culto aos excessos, seus confrontos, transgressões, idealismos, errâncias, afetos, desejos, pulsões, angústias, inibições e sintomas nos permitem compreender a difícil posição existencial do *entrelugares*, ou seja, de uma espécie de limbo, que eles ocupam com suas necessidades de afirmação. Nosso objetivo torna-se, então, *conhecer o sujeito adolescente, seus impasses subjetivos e, em razão disso, seu difícil processo de educabilidade.*

A ADOLESCÊNCIA TEM UMA HISTÓRIA

Para efeitos jurídicos, *grosso modo*, a adolescência no Brasil e na maioria dos países ocidentais é definida para indivíduos em desenvolvimento que se encontram precisamente entre 12 e 18 anos incompletos, sendo a família e, na ausência dela, o Estado os responsáveis tutelares por sua educação, saúde, lazer, abrigo e interação social. Do ponto de vista sociológico, não se costuma usar a noção de adolescência, mas de juventude. Os contornos de idade, nesse caso, são menos precisos. Em geral são descritos como jovens os sujeitos com idade em torno de 15 a 30 anos.

Já do ponto de vista psicológico, isso se complexifica: ao centrar seus esforços de análise na singularidade subjetiva, notamos que cada sujeito se constitui de maneira única na história e no meio social em que se insere. A adolescência ou a juventude de um sujeito vai contar, seguramente, com temporalidades e vivências diferentes da adolescência ou juventude de outro, ainda que ambos se achem em um mesmo ambiente social. De todo modo, não há como universalizar condutas, comportamentos e atos desse momento da vida sem que se incorram em imprecisões de análise de cada sujeito. Ainda assim, algum consenso pode ser admitido no que se refere ao prisma psíquico dessa nebulosa temporal que se tornou a adolescência de nosso meio: seu começo se

Psicologia Educacional

dá em torno da manifestação corporal da puberdade, podendo ser antes ou depois dela, até o momento em que o sujeito passa, como adulto, a se responsabilizar social, sexual, jurídica e economicamente por seus próprios atos. Isto é, a adolescência se daria com o declínio da infância até a conquista de sua condição de jovem adulto.

Mas tal adolescência em si é historicamente um fenômeno recente. Ela surge em fins do século XIX, e é somente em 1904, com os estudos do psicólogo norte-americano Stanley Hall (1846-1924) que vai ser considerada uma etapa psicológica do desenvolvimento humano. Obviamente, sempre existiram sujeitos com as idades de nossos adolescentes de hoje, mas, antes, esses sujeitos ou eram considerados ainda infantis, sobretudo em famílias mais abastadas, ou, para a maioria, já eram considerados adultos destinados ao trabalho agrário, pastoril, artesão, fabril e outros. As condições sociais, culturais e política de cada tempo produzem seus próprios sujeitos, incluindo seus adolescentes.

Assim, uma civilização cada vez mais complexa, como foi a do século XX e, mais ainda, a do XXI, passa a exigir um tempo maior de formação de seus indivíduos para aprendê-la, assimilá-la e poder viver nela. Se nas sociedades pré-modernas uma criança era diretamente catapultada à vida adulta em razão de *ritos de passagem* com expressiva eficácia simbólica, na contemporaneidade, dado seu caráter mais complexo, tal eficácia perde seu efeito. Uma das fortes características de nossos tempos é a ausência de tradições e rituais de passagem que possibilitem ao sujeito adolescente significar subjetivamente esse momento traumático que é a transição do universo infantil para o do adulto.

Por exemplo: em certas comunidades indígenas tradicionais, uma jovem púbere quando chega o momento de sua menarca é submetida a um ritual que consiste em passar vários dias dentro de uma oca, sem poder sair, sendo perfumada, untada com óleos, tendo seu corpo pintado com símbolos de seu povo, enfim, cuidada e preparada pelas mulheres mais velhas no sentido de tornar-se também uma nova mulher dessa mesma comunidade. Isso demonstra ter bastante eficácia simbólica, pois a mesma pessoa que entra na oca como criança sai dela, subjetivamente, se sentindo e se acreditando como uma adulta de fato, pronta para o acasalamento, a procriação e para realizar as tarefas comuns a qualquer mulher de seu povo.

Diferentemente das sociedades tradicionais, não contamos mais com tais ritos. Se há vestígios deles no nosso meio (como as "festas de debutante", por exemplo), são eles despidos de uma eficácia simbólica antes presente e praticada nas sociedades mais antigas.

Ora, isso levou nosso jovem a adolescer, sendo, de certa maneira, deixado mesmo à sua sorte ou tendo que buscar por si as referências próprias que possam lhe ajudar a cumprir sua delicada transição, a atravessar seu túnel e a vencer seu curto-circuito subjetivo. Eis um dos motivos possíveis que os levam a se reunir em pares da mesma geração no sentido de mutuamente se apoiarem na travessia difícil (e traumática) que é passagem gradual da instância de púbere à condição de jovem adulto. A própria etapa da adolescência torna-se, ela mesma, a resultante desse apelo corporal e social ainda não simbolizado.

Se for assim, ela não deixa de ser uma tentativa de resposta ao evento da puberdade que, como tal, se apresenta ao sujeito alterando biologicamente seu corpo, mas também psiquicamente seus impulsos sexuais, sua habilidade social, bem como sua capacidade sociocognitiva de pensamento e de formação de conceitos. Muitos não vivem isso apaziguadamente, mas, decerto, por meio de sucessivas "crises" e comportamentos disruptivos, que amiúde são manejados com demasiada dificuldade pelas famílias, responsáveis e educadores, em geral.

O SUJEITO ADOLESCENTE DO SÉCULO XXI

Como afirmamos na introdução deste livro, um processo de "juvenilização" das culturas ocidentais vem ocorrendo desde os anos 1960-1970. A geração *baby boomer*, nascida após a Segunda Guerra Mundial, o movimento *beat*, o surgimento da contracultura *hippie*, ao lado das lutas feministas, étnicas, sexuais, antiditatoriais, antibelicistas e estudantis (como a de maio de 1968 na França), mudaram

Psicologia Educacional

decisivamente nosso eixo etário. Somos hoje bastante juvenilizados em razão disso. O mundo já foi guiado pelos velhos das antigas sociedades tradicionais, que detinham os saberes ancestrais e a prerrogativa de transmiti-los; já foi guiado pelos adultos das sociedades modernas industriais, que compunham sua força de trabalho, capital e riqueza; e agora vem sendo guiado cada vez mais pelos jovens, tomados como modelos de beleza, liberdade, consumo e adesão às tecnologias pós-modernas. No Ocidente, a grande maioria das pessoas deseja ser, comportar-se ou ao menos parecer jovem. Isso pode valer para uma criança de 8 anos ou para um adulto de 48 que buscam se espelhar em quem tem 18.

Porém, hoje, algo ainda mais transformador acontece: com o fim das ditaduras latino-americanas, a queda do muro de Berlim, o ataque às torres gêmeas em Nova York, o advento da web e, sobretudo, o avanço das tecnociências e da cultura digital – que nos abriram o século XXI e a pós-modernidade (como já abordamos na introdução) –, essa juvenilização mostra ser cada vez mais "adolescentizada" ao dar as costas aos valores modernos. Como dizem vários autores, vivemos em tempos de "adolescência generalizada", pois são esses sujeitos, indiferentemente de classe social, que demonstram dominar vida digital por meio de smartphones, tablets, *games*, conectados em redes virtuais, juntamente a séries de TV e a aplicativos diversos, que transformam de vez as relações sociais, políticas e geracionais que hoje experimentamos. Não somos mais os mesmos dos séculos precedentes e nossos adolescentes vêm protagonizando várias dessas mudanças.

Entretanto, sabemos que, psiquicamente, o sujeito adolescente ainda carrega consigo o peso de seu "túnel" mal escavado, ou seja, da delicada transição com suas crises, irrupções, confrontos, transbordamentos e conceitos instáveis que têm influenciado todo um modo contemporâneo de existência. Em consequência, como ocorre com os adolescentes, ficamos todos mais vulneráveis ao que se passa também com eles: a virtualidade em excesso, o consumo desmedido, a dependência de *gadgets* tecnológicos e do mundo das imagens. Como afirmamos, isso vem produzindo novos modos de subjetivação, ou seja, novas formas de ser sujeito na contemporaneidade.

Ora, se todos querem ser cada vez mais jovens ou mesmo adolescentes, então, o lugar do adulto e dos mais velhos se esvazia, pois a diferença geracional tende a se apagar. A transmissão das tradições, dos valores, da memória e a responsabilidade por si e pelo outro, próprias do mundo adulto, têm sido fortemente interrogadas pelo mundo juvenil, mais do que em outros tempos. O "hiperindividualismo", a "inflação das imagens", a "sociedade do espetáculo", a "cultura do narcisismo" e o "imperativo da performance", como muitos afirmam, contribuem bastante para uma civilização ansiosamente jovem que, como tal, quer viver o presente sem se preocupar com o futuro e muito menos com o passado. Seu tempo é hoje. E isso não é sem consequências para nossos modos de subjetivação. Vamos examinar quatro delas:

1. A primeira dessas consequências é o *alongamento do tempo da adolescência* de nosso século, seguramente, muito mais complexo e demandante de mais formação. Em geral, essa adolescência tem começado bem antes da puberdade, pois muito precocemente crianças já contam com acesso quase irrestrito a consumo, mídias, *games* e rede sociais que as têm retirado do universo infantil, dando-lhes acesso, desde cedo, a informações sobre sexo, drogas, violências, vidas privadas e objetos virtuais de desejo.

   Mesmo as de classes populares, oprimidas que são pelo imperativo da sobrevivência, há muito vêm sendo exploradas ao serem arrancadas de tal universo, sem comiseração. Mas, se no meio popular a adolescência começa mais cedo, ela também terminará mais cedo justamente devido ao sujeito adolescente poder ser acometido eventualmente da necessidade de entrar no mercado de trabalho antes de se formar, de abandonar a escola, de viver uma gravidez precoce, de constituir a própria família, de se sujeitar ao mundo da contravenção etc. Com menos de 18 anos isso geralmente já se consumou. Nas classes médias e altas, a adolescência tende a se alongar por períodos cada vez maiores em razão, entre outros motivos, da formação gradualmente mais estendida, da permissividade dos pais ou responsáveis, da dependência do conforto mantido por eles e do adiamento da responsabilidade que o mundo adulto vem impondo aos seus integrantes. Não é incomum, hoje, percebermos o fenômeno de jovens adultos "adolescentizados" aos 25, 30 ou 40 anos de idade ainda sob os cuidados tutelares de seus pais.

2. Outra consequência para as novas formas de ser sujeito na contemporaneidade diz respeito ao *deslocamento das fontes de saber*. Até fins do século XX, um adolescente buscava o saber sobre si e sobre o mundo por meio de outras pessoas, em geral mais velhas e de referência para o jovem. Elas lhe transmitiam conhecimentos, lhe indicavam suas fontes e até lhe impunham suas verdades. Adolescentes dependiam do outro para saber sobre sexo, drogas, relacionamentos, conceitos, políticas, ideologias, estéticas, crenças etc.

Mas, no mundo digital com seus *gadgets* tecnológicos, o saber foi deslocado para a palma da mão. Qualquer smartphone é capaz de facilmente acessar tal saber em um site de busca. Já não é mais primazia de pais, responsáveis, educadores, líderes adultos e outros mediadores a detenção desse saber, pois a tecnociência promete dizê-lo. Isso não significa que esse dizer tenha profundidade, densidade ou contraditórios, próprios à ordem educativa, mas decisivamente dá acesso superficial e imediato a saberes do mundo, antes enigmáticos para crianças e jovens. Devemos sublinhar o quanto esses saberes disponíveis ao toque vêm contribuindo para a aceleração da adolescentização da criança, uma vez tendo acesso precoce a conteúdos e rede juvenis, e também a manutenção da adolescentização de adultos que tendem a permanecer nessa condição juvenil por ficarem compulsivamente presos a esses mesmos conteúdos e redes.

Adolescentes

3. Os *agrupamentos juvenis* podem ser considerados outra consequência dos modos de subjetivação de nosso século. Já eram antes, mas ganharam um protagonismo sem igual nos dias de hoje. À medida que o laço com a família ou com os primeiros responsáveis se afrouxa, é contestado ou repelido, o laço com pares de mesma idade torna-se uma necessidade vital, inclusive para espantar o medo da insignificância. Em geral, os grupos adolescentes – verdadeiros clãs – criam identidades homogeneizantes, um ambiente de acolhimento, de aceitação e de fidelidade irmanada entre seus integrantes (Quadro 3). As confrarias grupais tendem a ser mais flexíveis e tolerantes do que a família e a escola, desde que os integrantes não violem suas regras internas, sob o risco dramático de excomunhão ou "cancelamento", como dizem.

Assim, busca-se por meio de uma multiplicidade de identidades imaginárias se consumarem modos de separação simbólica dos pais e da vida infantil. Mas, ao se igualar a seus pares para diferenciar-se do que foi na infância e também daqueles que não são do grupo, todo adolescente depara-se com imagens ilusórias que podem favorecer comportamentos de risco, acirramento de divergências sociais, inflação do Eu, autodepreciação, idolatrias e modismos. Como os espaços públicos tornaram-se cada vez mais polifônicos, contraditórios e perigosos, não é incomum o adolescente se refugiar e se submeter à tirania de seus grupos e redes sociais, e, por exemplo, ficar refém do número de visualizações e *likes* de suas postagens virtuais. Se em gerações passadas os adolescentes se reuniam em torno de líderes geralmente mais velhos (guias religiosos, esportivos, escoteiros, contraventores etc.), que disciplinavam as interações e representavam o espaço de transição entre a família e a vida pública, hoje, com acesso desde cedo a agrupamentos, ao mundo digital, às mídias e mesmo à escola, nossos adolescentes questionam fortemente os valores dos "mais velhos" e da sociedade como um todo. Eles tendem a estabelecer relações mais horizontais, sem orientadores claramente instituídos, que podem colaborar para certa deriva identitária, errância e prevalência de atitudes passionais, disruptivas e imediatas.

93

> ## QUADRO 3
>
> "Os jovens poderão tornar-se extraordinariamente dedicados a um clã, intolerantes e cruéis na sua exclusão de outros que são 'diferentes', na cor da pele ou formação cultural, nos gostos e talentos, e frequentemente em aspectos mesquinhos de vestuário e gestos, arbitrariamente selecionados como sinais de 'ser do grupo' ou 'não ser do grupo'. É importante compreender, em princípio (sem que seja uma justificativa), que tal intolerância pode ser, por algum tempo, uma defesa necessária, quando o corpo muda radicalmente suas proporções, a puberdade genital inunda o corpo e a imaginação, com toda a espécie de impulsos [...]. À pessoa jovem, enfim, o futuro imediato a coloca diante de um número excessivo de possibilidades e opções conflitantes. Os adolescentes não só se ajudam uns aos outros, [...] mas também testam, insistentemente, as capacidades mútuas para lealdades constantes, no meio de inevitáveis conflitos de valores."
>
> (ERIKSON, E. *Identidade: juventude e crise*. 2. ed. Rio de Janeiro: Zahar, 1976, p. 133.)

4. As experiências da *solidão*, da *toxicomania* e da *delinquência* se tangenciam e têm mostrado ser bastante influentes na subjetivação de adolescentes e jovens adultos de nossos tempos. Os agrupamentos podem atenuar o medo da insignificância, mas não conseguem resolver a autodepreciação imaginária que muitos desses sujeitos imputam a si mesmos. Inibir-se pode ser uma saída, refugiando-se no isolamento de seus territórios, quartos, computadores e *games* para evitar a angústia que o encontro com o outro pode lhes causar. É admirável notar a pluralidade de conexões das redes sociais produzir o avesso do que mira: a solitude. A autoimagem titubeante do adolescente, a pouca aceitação do próprio corpo, de ideias, condição social e mesmo alguma indefinição de sua genitalização sexual ou de gênero podem resultar em

recuos solitários não necessariamente prazerosos, mas aliviantes. De fato, tem sido um alívio evitar supostos julgamentos alheios sem confrontá-los e superá-los. Mas adia-se também a chance de se afirmar e se fortalecer em razão disso.

De mesmo modo, a toxicomania e a delinquência podem ser corolárias da vivência de solidão no sentido de anestesiar a angústia existencial de cada um. Se na juvenilização da cultura de meados do século passado vários sujeitos buscavam nos entorpecentes modos transcendentes de ampliação de consciência, espiritualidade, sensibilidade artística e libertação sexual, hoje, vivendo o imperativo ansioso da performance, muitos só querem sedar o mal-estar proveniente das exigências excessivas do outro. Com a função de ser um "objeto transicional" entre a ludicidade da criança e responsabilização adulta, as drogas psicoativas têm fixado os sujeitos no limbo da própria adolescência, seja por meio das que alteram percepções e motricidade (como a cannabis); das que aceleram a capacidade intelectual, mnêmica e sexual (como as anfetaminas); das alucinógenas (como o LSD); e das opioides (como a heroína).

Analogamente, o ato de delinquir, que é o de desalojar o outro, seus bens e a si mesmo, deve ser tomado como uma interpelação à sociedade por meio de "condutas de risco". Aplacar a angústia pode estar por trás de muitos atos delinquentes de jovens que ficam atordoados de modo implacável por sentirem que são insignificantes e que não são reconhecidos. Os educadores correm assim um duplo risco ao lidarem com adolescentes que delinquem: de exercerem a *repressão social*, que confirmaria a queixa juvenil de ser vítima de um mundo injusto; ou de promoverem a *compreensão educativa*, que negaria a manifestação disruptiva do sujeito, sua afirmação, em favor de uma cumplicidade leniente. São riscos difíceis de serem evitados.

A CONSTITUIÇÃO SOCIOCOGNITIVA DE ADOLESCENTES E SUA EDUCAÇÃO

O alongamento da adolescência, o saber disponível ao toque, a proliferação de grupos e redes virtuais e as vivências de solitude, próprios de nosso século, deram protagonismo aos jovens ocidentais também no que concerne à aceleração e à decantação de seus processos sociocognitivos. As operações formais e a elaboração de conceitos abstratos se tornaram muito mais abrangentes e consolidados do que em gerações anteriores. Nosso mundo digital e performático decisivamente exige a ampliação, complexificação e refinamento de tais operações e conceitos. Em muitos aspectos, isso fez mudar, hoje, nossas formas de interação subjetiva, social e histórico-cultural.

Lev Vigotski ajuda-nos a teorizar os fundamentos dessa mudança. Para ele, a adolescência seria um momento de transição do pensamento conceitual em que o sujeito passa a realizar operações formais e a construir conceitos científicos, se tornando mais autônomo na aquisição de conhecimentos. Isso demarcaria o acesso a uma forma nova e superior da atividade intelectual, já que permitiria a abertura de conexões e o estabelecimento de relações complexas entre objetos, algo que, como vimos, o autor denominou "funções psicológicas superiores".

O adolescente se encontra diante de tarefas novas a dominar, que lhe desafiam a construir novos mecanismos de pensamento e a ter novas atitudes frente a essas tarefas. Desenvolver o *pensamento abstrato* é conseguir assimilar, progressivamente, conteúdos e conceitos tanto na escrita como na criação verbal, desenvolvendo orações complexas, ideias, pensamento, argumentos e sínteses. Trata-se de um momento de transição delicada, invariavelmente vivido como "crise", quando as experiências pessoais do adolescente e suas interações mediadas pelo outro e pela linguagem vão fazendo as formas infantis de pensamento (sincréticas, por complexos e pseudoconceitos) alcançarem o que Vigotski chamou de "verdadeiros conceitos". Na lógica dialética, esses conceitos seriam a imagem de uma coisa objetiva em sua complexidade. Pensar conceitualmente algum objeto significa incluir tal objeto no complexo sistema de seus nexos e relações que se revelam em suas definições. Um verdadeiro conceito, portanto, não é o resultado mecânico da abstração, senão o de um conhecimento duradouro e profundo do objeto.

Mesmo assim, ainda que tenha aprendido a estabelecer conceitos, o adolescente não abandona as formas mais elementares, que continuam a operar ainda por muito tempo, sendo às vezes predominantes em certas áreas do seu pensamento. A adolescência é, então, mais um período de crise e transição do que de consumação. Os conceitos têm a função decisiva de permitir ao sujeito acessar sua realidade interna, compreendendo não apenas os demais, mas igualmente a si mesmo.

QUADRO 4

"O resultado de nossa investigação nos leva a supor que a fase da maturação sexual produz no adolescente um importantíssimo avanço do desenvolvimento intelectual: o pensamento por complexos passa ao pensamento por conceitos. Mas a formação de conceitos (e seu emprego) é algo essencialmente novo que se adquire na idade de transição. O intelecto do adolescente não acha nos conceitos a simples continuação das tendências anteriores. O conceito não é apenas um grupo enriquecido de associações internamente relacionadas. Trata-se de uma formação qualitativamente nova, que não se reduz a processos mais elementares que caracterizam o desenvolvimento do intelecto em suas etapas anteriores. O pensamento por conceitos é uma nova forma de atividade intelectual, um novo modo de conduta, um novo mecanismo intelectual."

(VIGOTSKI, L. El desarrollo del pensamiento del adolescente y la formación de conceptos. *Obras Escogidas,* tomo IV. Madrid: Visor, 1996, p. 38; tradução nossa.)

Como se pode notar (Quadro 4), os experimentos e teorizações vigotskianas mostram que o próprio desenvolvimento intelectual e do pensamento científico do adolescente é um advento que se irrompe, sobretudo, no período da genitalização dos impulsos sexuais, coincidindo e se emparelhando à aquisição dos "verdadeiros conceitos". Dado o caráter transitório de seu pensamento, porém, o sujeito adolescente pode formar e utilizar um conceito com bastante propriedade numa situação concreta, mas estranhamente pode ter dificuldade de expressá-lo em palavras, numa surpreendente discrepância entre a sua capacidade de formar conceitos e a de defini-los.

Entretanto, Vigotski descreve a experiência com adolescentes de seu tempo e lugar, que evidentemente conhecerá diferenças em relação aos nossos. É bem provável que, hoje, os adolescentes tenham menos dificuldades em definir os conceitos formais que eles já conseguem operar bem. O processo de adolescentização generalizada e o mundo virtual e performático que atualmente experimentamos podem, inclusive, estar induzindo crianças maiores à antecipação da formação de conceitos formais, abstratos e científicos, para além dos pseudoconceitos. Isso contribuiria bastante para uma definição mais significativa desses mesmos conceitos por parte dos adolescentes. Percebemos como, em geral, muitos meninos e meninas de 12 ou 13 anos, e mesmo antes, já apresentam discursos cada vez mais estruturados, como também um manejo de conceitos surpreendentemente bem articulados às suas definições. Discursos engajados sobre política, ecologia, estética, condição social, educacional e pessoal, além de defesas de seus próprios direitos como crianças e adolescentes que são, fatos que já não nos causam estranheza. Eram exceção antes, mas talvez passaram a ser uma regra hoje.

Outra fonte clássica para nos ajudar a problematizar o debate sobre modos de subjetivação sociocognitiva do adolescente diz respeito aos estudos desenvolvimentistas do biólogo e psicólogo suíço Jean Piaget.

> ## QUADRO 5
>
> "Comparado a uma criança, o adolescente é um indivíduo que constrói sistemas e 'téorias' [...]. O que surpreende ao adolescente é o seu interesse por problemas inatuais, sem relação com as realidades vividas no dia a dia, ou por aqueles que antecipam, com uma ingenuidade desconcertante, as situações futuras do mundo, muitas vezes quiméricas. O que mais espanta, sobretudo, é sua facilidade de elaborar teorias abstratas. [...] É a passagem do pensamento concreto para o 'formal', ou, como se diz em termo bárbaro, mas claro, 'hipotético-dedutivo' [...], isto é, ser capaz de deduzir as conclusões de puras hipóteses e não somente através de uma observação real."
>
> (PIAGET, J. *Seis estudos de psicologia*. 24. ed. Rio de Janeiro: Forense Universitária, 2005, pp. 58 e 59.)

No seu tempo, Piaget afirmava que existiam muitos adolescentes que tinham o hábito de escrever, outros que criavam alguma filosofia, alguma estética e mesmo uma política ou idealização similar. Aqueles que não escreviam falavam. Piaget acreditava que a maioria falava coisas, mas não tanto de suas produções pessoais ou experiências particulares, limitando-se a ruminá-las de maneira íntima e secreta. Ainda assim, quase todos idealizavam, de fato, sistemas e teorias que transformariam o mundo.

No entanto, a hiperexposição e a sobrevaloração da intimidade que vemos hoje nas redes sociais e no mundo digital, em geral, parecem ter invertido essa premissa piagetiana. As intimidades juvenis estão largamente expostas, pois, à diferença de gerações passadas, as experiências pessoais dividem espaço com, se não superam, as idealizações filosóficas, estéticas ou políticas criadas pelos adolescentes. O Eu demonstra estar inflacionado, centrado em si mesmo: um Eu imaginário, ilusório, fantasioso, ansioso e muito sensível, que as redes virtuais contribuem bastante para instituí-lo. O próprio Piaget parece se adiantar e teorizar sobre um "egocentrismo intelectual adolescente", diferente do egocentrismo pré-operatório da criança, mas como uma espécie de "onipotência da reflexão", resultando num "egocentrismo metafísico". O Eu imagina ser forte bastante para construir o universo e grande suficiente para incorporá-lo.

Mas, se para o psicólogo suíço somente após 11 ou 12 anos esse Eu passaria a produzir o "pensamento formal", podemos inferir que, no século XXI, tal pensamento já se constata em crianças com menos de 10 anos, quando as "operações lógicas" começam a mudar do plano da manipulação concreta para o das ideias. O pensamento se torna "hipotético-dedutivo" ao poder fazer conclusões formais independentemente da realidade de fato (Quadro 5). Enquanto o "pensamento concreto" da criança seria a representação de uma ação possível, o "formal" seria a representação de uma representação de ações possíveis e liberadas do real. A capacidade de reflexão do e da adolescente teria a função não de contradizer, mas de adiantar e interpretar a experiência representada.

Importa assinalar que, em tempos de adolescência alongada, muito precocemente o pensamento vem se tornando mais autônomo, no sentido de cooperação para estabelecimento de regras; se opondo à anomia (ausência de regras) e à heteronomia (submissão às regras impostas do exterior). Os adolescentes parecem hoje se pôr em pé de igualdade com os mais velhos no que concerne à autonomia de pensamento, mas muito diferente deles em relação à idealização do mundo. Amiúde "incompreendidos", misturam-se nesses adolescentes tanto sentimentos generosos, projetos altruístas, megalomanias, quanto fervor místico, paixões identitárias e egocentrismo consciente.

> Resumindo: com base nas fontes de referência, do ponto de vista afetivo-sexual, como definiu Freud, a adolescência é marcada pela genitalização dos impulsos eróticos, em que as pulsões narcísicas de um lado do túnel cedem às pulsões objetais do outro lado; já do ponto de vista sociocognitivo, ela é marcada pela mudança da capacidade de estabelecer pseudoconceitos em favor dos verdadeiros conceitos, como teorizou Vigotski, ou pela mudança das operações concretas para as operações formais, como afirmou Piaget. O pensamento por complexos cede ao pensamento formal; o concreto cede ao lógico. Isso mostra como a adolescência é, de fato, a mais delicada das transições de sujeitos que se encontram em plena passagem de lado ao outro de um túnel mal perfurado. São sujeitos que se acham estranha e ansiosamente num mundo cada vez mais digitalizado, afeitos a *gadgets* tecnológicos, sem poder contar nem com a eficácia de ritos simbólicos de passagem, nem com claras demarcações etárias.

Por tudo isso, o *processo de educabilidade* do sujeito adolescente não é nada fácil. Impelido pelo mundo virtual a antecipar seu desenvolvimento sociocognitivo, sexual, interacional, e até mesmo a modificá-lo, ele percebe seu momento transicional de vida dragar tudo e todos à sua volta: adultos e crianças se adolescentizando, a cultura digital voltada para sua linguagem, a sociedade do consumo tomando-o como modelo, sua sociabilidade calcada mais em vínculos imaginários do que simbólicos e o indisfarçável imperativo *forever young* (para sempre jovem) do nosso Ocidente. Redes sociais, *games*, agrupamentos de pares, confrontos, hipererotização, exposição de intimidades, marcas no corpo, toxicomania, crime, irresponsabilidade por si e pelo outro... são muitas formas de gozar a vida, e todos parecem dizer ao adolescente que ele vive o melhor momento da existência de qualquer pessoa.

Mas como assim? Ele não compreende isso, pois, ao mesmo tempo, seus conceitos formais um tanto titubeantes, suas inter-relações passionais e intempestivas, sua inabilidade social, sua sexualidade ainda indefinida, suas angústias, sintomas e comportamentos excessivos para anestesiá-los, mostram-lhe como o seu limbo, seu *entrelugares*, tem sido difícil de manejar para viver. O movimento pendular e instável de seu curto-circuito psíquico não permite ao adolescente achar-se em vantagem nessa nebulosa etária que se tornou a própria adolescência contemporânea.

Educadores, pais, tutores e outros responsáveis pela educação desses sujeitos necessitam entender que estão diante de indivíduos em viva transição delicada, sem pleno reconhecimento social e diluído em um mar de identificações imaginárias e pendulares. Uma bomba-relógio, decerto; uma tempestade colhida no lugar de ventos semeados. As instituições educativas e seus agentes podem criar ambientes mais acolhedores para essa incompreendida tempestade. Evitar o duplo risco (tanto a compreensão educativa quanto a repressão social) e, sobremaneira, interessar-se por esses "estranhos" sujeitos, dar-lhes a palavra, reconhecer suas posições afirmativas, permitir-lhes interações, manifestações e exercícios criativos, desenvolver outras formas de aulas não apáticas e com conteúdos que dialoguem diretamente com seus interesses, fazer uso do mundo virtual aprofundando, adensando e checando os saberes lá expostos: eis algumas das ações para que a educabilidade de adolescentes se torne minimamente possível.

Sabe-se que pais e educadores podem ajudar pouco esses sujeitos com suas tempestades, irrupções e exílios, a não ser sobrevivendo ilesos, sem se alterar, sem apagar a diferença geracional, sem abandonar qualquer de seus princípios e permanecendo afáveis e firmes. É deles a responsabilidade de acompanhar esses estranhos incompreendidos, sem deixá-los à deriva ou abandonados. A adolescência herda as características e exigências sociais do tempo no qual está inserida, buscando, nesse próprio tempo, resolução para seus impasses existenciais.

No caso de nossa contemporaneidade, os modos de transgredir, de delinquir, como também os problemas escolares, fracassos, recusas, desprezos, apatias, podem ser tentativas de resolução de seus impasses, mesmo gerando formas muito peculiares de insurreição juvenil. Isso, com efeito, não pode deixar de compor as reflexões e ações daqueles educadores atentos aos modos de subjetivação de nosso tempo e lugar.

Talvez, o sujeito adolescente queira hoje, mais do que em outros tempos, encontrar mesmo um adulto; um adulto a ser superado, mas que, como tal, não se evada, que lhe sirva como uma referência sem tiranias, que lhe desperte confiança, que não o segregue e nem lhe faça grandes discursos moralistas. Ele deseja alguém que abra o caminho, que o escute, que o reconheça e saiba acolhê-lo com seu curto-circuito psíquico, suas indecisões subjetivas e sociais. Que a instituição educativa, seus educadores e as reflexões da Psicologia Educacional e de outros saberes consigam ajudar a regular um pouco os impulsos desorganizadores, opositores e destrutivos de cada jovem na difícil e necessária conquista de seu lugar social.

SUGESTÕES DE LEITURA

CALLIGARIS, C. *A adolescência*. São Paulo: Publifolha, 2000.
Livro de bolso bastante preciso e instigante sobre o tema, voltado a pais, psicólogos e educadores.

ERIKSON, E. *Identidade: juventude e crise*. 2. ed. Rio de Janeiro: Zahar, 1976.
Livro clássico de um dos maiores autores frankfurtianos da psicanálise e do desenvolvimento psicossocial da juventude.

FREUD, S. *Três ensaios sobre a teoria da sexualidade*. São Paulo: Companhia das Letras, 2016.
Célebre obra sobre a constituição da criança e do adolescente sob o prisma da sexualidade, do inconsciente e das inter-relações sociais.

LACADÉE, P. *O despertar e o exílio*. Rio de Janeiro: Contracapa, 2011.
Livro referente sobre o tema da adolescência escrito por um dos principais psicanalistas de nossos tempos.

MIRANDA, M. P. *Adolescência na escola*. 3. ed. Belo Horizonte: Formato, 2009.
Escrito de maneira leve e precisa, a obra é voltada à problematização de jovens na escola.

PEREIRA, M. R.; GURSKI, R. *Quando a psicanálise escuta a socioeducação*. Belo Horizonte: Fino Traço, 2019.
Livro icônico sobre a adolescência, delinquência e o sistema socioeducativo.

PIAGET, J. *Seis estudos de psicologia*. 24. ed. Rio de Janeiro: Forense Universitária, 2005.
Clássico sobre a constituição sociocognitiva e psicogenética da criança e do adolescente.

RASSIAL, J-J. *A passagem adolescente*. Porto Alegre: Artes e Ofícios, 1997.
Obra de referência sobre o tema da adolescência escrita por outro reconhecido psicanalista da atualidade.

ROUSSEAU, J-J. *Emílio ou Da educação*. 3. ed. Rio de Janeiro: Bertrand Brasil, 1995.
Livro célebre considerado o primeiro tratado de Filosofia da Educação do mundo ocidental, que aborda o que seria a educação moderna de um jovem de seu tempo e do nosso.

VIGOTSKI, L. S. *Obras Escogidas,* tomo IV. Madrid: Visor, 1996.
Obras clássicas sobre a constituição sociocognitiva e histórico-cultural da criança e do adolescente.

WINNICOTT, D. *Privação e delinquência*. São Paulo: Martins Fontes, 2005.
Livro clássico acerca da adolescência, delinquência e a constituição psíquica desses sujeitos.

Professores

PROFESSORES DE NOSSOS TEMPOS E A FUNÇÃO DE MESTRE

C omo são os professores de crianças e adolescentes do século XXI? Que subjetividades eles apresentam em tempos de escolas extramuros, vida digital, afronta à sua autoridade, interesses difusos dos alunos, banalização da agressividade e da violência, bem como precarização das condições de trabalho, remuneração e prática coletiva com colegas e gestores? Haveria mal-estar subjetivo em razão disso?

Sabemos que a educação básica e seus processos de escolarização concorrem, hoje, mais do que em outros tempos, com uma enorme pluralidade de fontes e formas educativas. Todos virtualmente parecem educar: pais, responsáveis, vizinhos, grupos, parceiros, pares de mesma idade, mas também mídias, *games*, redes e influenciadores digitais. Todos! Nesse largo horizonte da pluralidade educativa, isso quer dizer que os docentes da educação escolarizada não são os únicos a ensinar para as novas gerações. Mesmo assim, não se deve desconhecer a importância do lugar que esses sujeitos – que destinam as suas vidas à função de mestre – ocupam na formação intelectual, estética, política e psicossocial de seus estudantes.

QUADRO 1

"Nossos mestres não são apenas os professores públicos, ainda que tenhamos uma grande necessidade deles; nossos mestres são aqueles que nos tocam com uma novidade radical, sabem inventar uma técnica artística ou literária e encontrar maneiras de pensar que correspondam à nossa modernidade, quer dizer, tanto às nossas dificuldades como aos nossos entusiasmos difusos."

(DELEUZE, G. *A ilha deserta*. São Paulo: Iluminuras, 2006, p. 109.)

O filósofo Gilles Deleuze (1925-1995) mostra de maneira sublime a importância dos professores, sobretudo, na condição de mestres (Quadro 1). E o que, em geral, esperamos de um mestre? Que ele seja um guia, que abra a trilha, que mostre caminhos, que dê o primeiro passo para que seus alunos possam dar o seguinte. Isso não quer dizer que ele tenha que saber tudo, que tenha que saber o caminho certo, mas ele precisa achar que sabe. Um professor ou professora na função de mestre precisa servir de referência para que o aluno faça suas escolhas, mesmo que sejam contrárias aos caminhos que o mestre determina.

O fato é que não se nasce professor, torna-se. Ao longo da vida, a pessoa acumula saberes, experiências, interesses e relações que podem determinar tal destino. A profissão de professor, nesse sentido, não é diferente de outras. Ela é construída palmo a palmo a partir das impressões que a vida confere às pessoas. Assim, não haveria nelas uma vocação para o magistério, como requerem os essencialistas, porém uma construção dessa vocação que é historicamente aprendida e experimentada. É bem provável que a ideia de vocação, bastante difundida no ambiente da docência, tenha sido herdada da tradição religiosa ou missionária vinculada à origem da profissão e ainda ligada intimamente ao seu exercício. Mas, na realidade, a palavra "professor" é derivada do latim *professus* (aquele que declarou em público) e do verbo *profitare* (afirmar-se perante todos). Um professor seria então o sujeito que se declara e se afirma em público.

Entretanto, há nessa profissão uma especificidade que convém assinalar: desde cedo, desde tenra idade, todos nós experimentamos o magistério como estudantes. A maioria das pessoas, já na primeira infância, e em boa parte da vida, tem contato com diversos professores, diversos estilos, diversas formas de dar aulas. E mais: é uma profissão que fascina, pois ela sempre é associada com alguma forma de poder, isto é, de conduzir pessoas, ideias e práticas. Para muitos, foi a primeira vez que, fora de casa e de maneira sistemática, se experimentou esse poder e esse exercício. Logo, diferentemente de um médico ou de um engenheiro, por exemplo, devemos reconhecer que o magistério é, em muitos aspectos, uma profissão para a qual se começa a se formar antes mesmo de um curso, uma graduação ou um diploma para tal. Seu começo se dá na relação mesma que se estabeleceu com os professores que cada um de nós conheceu. É uma profissão muito íntima, que atravessa boa parte de nossas vidas.

QUADRO 2

"Aquele que ensina, que exerce a função de mestre, deve salvaguardar nossa capacidade humana de pensar, de produzir saberes, não tanto com base nas boas técnicas pedagógicas, que inflacionam mais frustrações do que conquistas, mas muito mais com base na sua experiência e arte de viver. A autoridade do mestre está não em se fazer como aquele que detém o saber categórico, o código inviolável de uma moral, mas como aquele que ativa o desejo de saber por também desejá-lo. Isso produz pensamento. De outro modo, se o mestre se põe como o grande sabedor, como o condutor de massas acéfalas, o que ele produz é o vazio do saber pelo silêncio do desejo."

(PEREIRA, M. R. *A impostura do mestre*. Belo Horizonte: Fino Traço/Argvmentvm, 2008, pp. 200 e 201.)

Se a experiência e a arte de viver dos professores perpassam, de maneira íntima, todos que se deixam tocar por elas, isso mostra como o princípio relacional da docência cimenta sua própria *função de mestria* (Quadro 2). Cada professor ou professora vive invariavelmente uma infinidade de relações com múltiplos atores que pode deixar seu ofício sem um referencial muito estável. O dia a dia com alunos, com pais de alunos, com pedagogos, formadores, funcionários e gestores escolares descentra certezas, exige revisão contínua de planejamentos e tomada de decisões imediatas, nem sempre claras quanto ao que se visa. O fato é que há no exercício dessa profissão um caráter bastante circunstancial e contingente, pois quem a pratica sabe que tem de lidar cotidianamente com afrontas, subversões, dificuldades, resistências e, ao mesmo tempo, inventar saídas mais ou menos rápidas para isso. Cada aluno é uma subjetividade genuína, explosiva e vivamente diferente, que torna a função marcada por impasses, por complexidades, mas também por muitas descobertas: uma arte, decerto. Talvez o professor seja mesmo aquele que de maneira irredutível deve admitir a contingência radical da experiência pedagógica.

O MAL-ESTAR DOCENTE

Ao longo da formação e da prática profissional, alguns docentes, de maneira identificada, compreendem o caráter contingente do seu ofício e vão exercê-lo com entusiasmo, desejo e decisão, além de contribuir para repensar a própria profissão e refletir-se nela. Muitos outros – talvez, a maioria –, sem esconder certo desencanto e fastio, vão exercê-la sem muito envolvimento nem desgaste, reduzindo a complexidade de sua profissão ao nível de um ofício repetitivo e rotineiro. Há ainda aqueles que a exercerão como um complemento de renda – o chamado "bico" ou "extra" – para a qual se dedicarão algumas horas por semana sem necessariamente implicar-se com qualquer transformação da própria profissão. Porém, um número crescente de professores de nossos tempos tem exercido seu ofício muitas vezes de modo implicado, mas sem estrutura subjetiva, social ou profissional suficiente que lhes possibilite realizá-la sem, de fato, padecer ou apresentar algum modo de sofrimento no trabalho.

Descontentamento, desilusão e infelicidade podem estampar esse sofrimento, contribuindo para que vários docentes se vejam inclinados a exercer seu ofício sem muito desejo, repertório, curiosidade e criatividade, que são requisitos básicos para a profissão. Nessas condições, eles se percebem mais suscetíveis à repetição e à adesão às regras burocráticas que largamente os domesticam. Assim, tendem a ser mais conservadores, mais conformistas, menos ousados; muitas vezes, se posicionando politicamente de modo reacionário. A melhor didática passa a ser aquela que lhes permite sobreviver a cada dia letivo. Mesmo dizendo a si mesmos, aos pares e aos gestores que "fazem o melhor que podem", não conseguem evitar cumprir conteúdos extensos e pouco adequados à carga horária, além de serem invariavelmente conteúdos divorciados das necessidades e interesses de seus estudantes.

"Mal-estar docente", "angústia", "estresse", "esgotamento emocional", "ansiedade", "depressão", "frustração", "despersonalização", "sofrimento mental", "*síndrome de burnout*", são algumas das expressões cunhadas por diversos autores para nomear aquilo que muitos professores vêm apresentando em seus discursos e práticas. Nossa cultura ocidental, marcada pelo ideal da performance, das metas, como também pela digitalização da vida, consumo em demasia, sobrevaloração da intimidade e trabalho irrefletido e burocrático, sobretudo desde a virada do século XX e XXI, tem exigido decisivos esforços de seus profissionais. Uma *sociedade da performance* tornou-se igualmente uma sociedade do cansaço. E no seu epicentro se encontram os professores.

O termo *burnout*, do inglês *to burn* (queimar, pegar fogo) e *out* (fora, externo), dando a ideia de se esgotar de fora para dentro, vem sendo empregado para referir-se à síndrome de pressão, estresse, irritabilidade e desistência em relação ao trabalho. Recentemente reconhecida pela Organização Mundial da Saúde (OMS) como um transtorno ocupacional, a *síndrome de burnout* foi instituída na origem pelo psiquiatra germano-americano Herbert Freudenberger (1926-1999), que, em 1974, observou-a não apenas em seus pacientes, mas em si mesmo e em membros de sua equipe que perdiam gradativamente o humor e o sentido do trabalho e da vida. Atribuída no início a profissionais da saúde e do cuidado, a síndrome foi rapidamente estendida aos da educação a partir de inúmeros estudos de autores da área.

Porém, esse esgotamento e perda de sentido e humor não são prerrogativas de nossos tempos. Existem registros datados do século XIX acerca da insatisfação de professores com a profissão, que viriam a se tornar objetos de estudos sistemáticos ao longo do século XX. Um exemplo é o trabalho seminal de Ida Berger (1910-2002), de 1957, sobre o *mal-estar* de professores franceses da época em razão dos baixos salários, precárias condições de trabalho, poucas oportunidades de promoção e queda do prestígio social da profissão.

Ou os referentes estudos de José Manuel Esteve (1951-2010), de 1987, sobre o *mal-estar* de professores espanhóis que agrupa as fontes de esgotamento do trabalho em dois fatores fundamentais: os *primários*, que seriam aqueles que incidem diretamente sobre a ação do professor em sala de aula, gerando tensões associadas a sentimentos e emoções negativas; e os *secundários*, que se referiram às condições ambientais no contexto em que se exerce a docência, afetando a eficácia e a motivação do professor. Este correria o risco de esgotamento físico e mental sob o efeito de dificuldades materiais e psicológicas associadas a seu trabalho. Tais dificuldades, além de chegar a afetar a saúde pessoal, parecem constituir uma razão essencial para os abandonos observados na profissão.

Reconhecemos, no entanto, que o termo "mal-estar" ganhou densidade e notoriedade a partir do conhecido livro de Sigmund Freud, *O mal-estar na civilização*, de 1930, de base antropológica e psicanalítica. Desprezando a diferença semântica entre civilização e cultura, o autor desenvolve no mínimo duas teses sobre as causas desse mal-estar. Resumidamente:

1. Existiria um *antagonismo estrutural entre o indivíduo e a cultura*, ou seja, entre as pulsões de cada sujeito, que visam à satisfação imediata do desejo, e as normas civilizatórias, que incondicionalmente exigem renúncia pulsional. Em nome da vida em sociedade, o sujeito recalcaria suas pulsões ao preço de um contínuo mal-estar ou angústia por não poder viver nela plenamente seu desejo.

2. Como efeito desse antagonismo, tal sujeito passaria a ser dividido de modo que uma parte de si – mesmo sofrendo – identifica-se com normas civilizatórias, as internaliza, as defende e, de modo masoquista, cobra de si mesmo ser igual ao modelo moral que imagina que a cultura exige de seus integrantes. Essa parte tópica ou topográfica do sujeito freudiano é o *Supereu* (superego), que funciona como uma consciência ou autoridade moral internalizada, operando tiranicamente como um imperativo categórico de sofrimento. Torna-se impossível mascarar do Supereu aquilo que persiste como exigência de satisfação do desejo no Eu (ego) pressionado pelos impulsos do Isso (id) – as duas outras partes topográficas da psicologia do sujeito sob essa perspectiva.

Eis uma maneira sombria de teorizar a tragédia da condição humana ou a miséria moral do homem e da mulher, pois a culpa ou a dívida (ambas traduzidas como *Schuld*, em alemão), uma vez gerada no sujeito pela cultura, é representada no inconsciente pelo Supereu, sendo permanentemente vivida sob a forma de mal-estar (*Unbehagen*). Por isso, o sujeito tende a ser angustiado, atormentado, aflito, pois julga de antemão que não é aquilo que a sociedade espera dele, nem mesmo é aquilo que ele espera de si através de seu próprio juízo superegoico. O mal-estar seria, então, o afeto de um vínculo indissociável com a cultura, que Freud nomeia como "angústia".

Não há dúvida de que tal afeto vem acometendo de maneira incondicional o campo da Educação. Professores se dizem angustiados ao se perceberem cada vez mais destituídos, desrespeitados e desautorizados por uma civilização que parece ter posto em declínio sua função de mestre. O saber deslocado para a palma da mão por meio de qualquer smartphone (como abordado no capítulo "Adolescentes") pode estar contribuindo bastante para tal destituição. Crianças, adolescentes e mesmo jovens adultos, inundados por saberes digitais e empoderados por eles, demonstram levar às últimas consequências o confronto de gerações, o desprezo e o desenlace com aqueles que os guiam. Isso se soma à proletarização, ao desprestígio e ao desgaste da profissão que têm resultado, entre outras coisas, numa espécie de queixa uníssona a respeito da angústia e miséria moral de certos professores, gerando múltiplas formas de vulnerabilidade profissional.

O sofrimento no trabalho como resultante dessa angústia é signo de um drama social e subjetivo que vemos ocorrer hoje, como se pode perceber em formas de depressão, ansiedade, pânico, esgotamento e até despersonalização. São novas formas de sintomas que as sociedades ocidentais têm produzido. Os docentes não são imunes a eles. As causas de tais sintomas não se limitam às particularidades de situações profissionais, mas são o cerne de algo que diz respeito à organização atual da vida nas cidades, ou seja, ao declínio de valores simbólicos e institucionais em favor da inflação de valores virtuais, digitais e imaginários – "tudo que era sólido se desmancha no ar". Professores, que parecem se situar entre dois mundos – simbólico e imaginário, tradição e virtualidade, antigo e novo –, ficam mais expostos e, portanto, mais suscetíveis a essa condição vulnerável e ao sofrimento que ela pode gerar. São traços da perturbação de nossos tempos que vêm afetando muitos docentes.

Mas dizer muitos não é dizer todos. Felizmente, sabemos que boa parte dos professores consegue driblar minimamente o cenário dramático dessa zona de miséria moral que não logra resolver. Vários lutam contra o insucesso escolar de seus estudantes, respeitam seus tempos e trajetórias, promovem alguma forma de trabalho coletivo com colegas e gestores, e buscam alternativas razoáveis que não os fazem sofrer mais do que a maioria das pessoas, em geral. Porém, sempre há aqueles que, se sentindo impotentes, não criam outra saída senão produzir o pior para si mesmos, isto é, produzir modos bastante específicos de mal-estar laboral.

AS MÚLTIPLAS DEMANDAS AOS PROFESSORES

Não desconhecemos que se vive hoje numa sociedade sobremedicalizada devido, entre outras coisas, ao avanço das pesquisas e da indústria de psicofármacos, aos efeitos colaterais abrandados, à facilidade de acesso à medicação e aos diagnósticos aligeirados feitos à revelia por médicos de várias especialidades clínicas. Soma-se a isso o imperativo de satisfação de uma sociedade cada vez mais hedonista, imediatista e intolerante à dor, bem como à sensação sufocante de desamparo e de vazio que a objetificação, virtualização e mercantilização dos laços sociais imprimem em cada um de nós. Na sociedade da performance, passou a ser difícil tolerar a pressão do estresse, a impaciência de esperar, o adiamento da satisfação, bem como suportar o outro com suas diferenças. Se for verdade que "narciso acha feio o que não é espelho", na tão propalada "cultura do narcisismo" de nosso tempo, o ódio gratuito pode surgir sem barreiras nas mais diversas expressões, inclusive em redes digitais e em ambientes sociais, como na sala de aula, muito em decorrência da insuportabilidade de qualquer traço de diferença do outro.

Tal "cultura" parece inspirar novas psicopatologias ou, mais exatamente, novas formas de sintoma com suas dificuldades de representação psíquica. Daí, as subjetividades narcísicas, depressivas, ansiosas, *borderlines* e disruptivas, que, concorrendo com formas já conhecidas de sintomas psíquicos, fundamentam o próprio estatuto do sujeito pós-moderno. Como já expusemos, tal sujeito não é mais o mesmo desde a cultura juvenilizada dos anos 1960-1970 e sua crescente virtualização a partir das décadas seguintes. Não seria mais a repressão que o regularia, mas, sobretudo, o excesso. Na medida em que vivemos hoje numa

Psicologia Educacional

cultura de transbordamentos generalizados e pouco recalcados, em que os interditos foram relativamente postos em suspensão e os significantes mais estáveis da tradição foram irremediavelmente interrogados, as dimensões de ancoragem simbólica cederam. Tais dimensões seriam, bem ou mal, o que protegeria o sujeito de seu próprio desamparo, ofertando-lhe algum ideal a se acreditar ou alguma utopia a conquistar. Porém, assistimos hoje a um declínio desse ideal acompanhado pelo imperativo hedonista de satisfação, num ambiente cada vez mais distópico. Contraditoriamente, uma sociedade mais hedonista gera também uma sociedade mais angustiada como consequência insuportável da falta de regulação do prazer desmedido.

Isso parece compor sem véus o coração mesmo do ofício docente. O hedonismo buscado sem cessar por crianças, adolescentes e jovens em redes sociais, em mídias digitais, em agrupamentos de pares com estratificações mais horizontais, mas também na intolerância aos valores e hierarquias escolares, no desinteresse e até desprezo pela figura docente, não deixa de revelar uma indiscutível contradição. Os mesmos alunos supostamente mais liberados para usufruir do prazer hedonista, muitas vezes, se mostram no ambiente escolar bastante angustiados, ansiosos, deprimidos ou em pânico.

Achando-se entre dois mundos, ou seja, entre a *ancoragem simbólica* e a *virtualidade imaginária*, professores vivem essa contradição cotidianamente. Todo prazer desmedido e buscado ansiosamente pelos alunos não consegue mesmo ser plenamente alcançado pelos próprios alunos. Em razão disso, eles podem projetar indisfarçadamente na figura docente – e na escola como um todo – suas infelicidades, frustrações, fracassos, aflições e desprazeres. Se, de um lado, professores representariam os valores institucionais, os conteúdos pedagógicos, a autoridade epistêmica, próprios à ordem simbólica, do outro, eles deveriam se nivelar às relações horizontais, ao mundo virtual, à linguagem de influenciadores digitais, próprios à inflação imaginária de nossos tempos. Que aluno deixaria de demandar, hoje, não necessariamente um docente conhecedor de conteúdos e métodos, mas muito mais aquele que se apresentasse como um *performer*, bem à maneira de celebridades efêmeras de algum aplicativo na web?

Entretanto, as demandas não provêm apenas dos alunos. A profissão docente é pivô de múltiplas demandas advindas de várias fontes que contribuem para o caráter contingente e pouco estável de seu trabalho. Um referente estudo sobre professores de crianças e adolescentes da educadora Anny Cordié, de 1998, relembra das demandas contraditórias a que professores devem frequentemente responder:

1. *Demandas exteriores*, provenientes dos organismos governamentais, sistemas de ensino, órgãos públicos etc.
2. *Demandas ocupacionais*, provenientes do cumprimento de programas, planos de curso, planejamentos pedagógicos, ações escolares etc.
3. *Demandas relacionais*, vinculadas a gestores escolares, pares profissionais, formadores, alunos, pais de alunos, responsáveis e sociedade em geral.

O problema é que, por mais que o professor ou a professora responda a esse rol de demandas, seu êxito profissional dependerá do êxito de todos os envolvidos, e isso o torna muito vulnerável. Situando-se no epicentro desse fenômeno, ele sabe que grande parte do sucesso de seu ensino será julgada, por exemplo, pelo cumprimento de programas, avaliações institucionais, resultados de seus estudantes, relações com os pais etc. Nenhuma transmissão do saber é uma atividade neutra. Docentes terão de afrontar o outro e não poderão cumprir tal missão sem que sua subjetividade deixe de ser fortemente avaliada: suas faltas, fraquezas, pessoalidades. A palavra que evoca, na verdade, revelará sempre algo de seus modos de existência.

Não obstante, sabemos que a relação pedagógica se assenta bastante no dispositivo transferencial. O aluno tende a "depositar" na pessoa do professor e da professora tanto uma posição de dominação quanto uma posição de ideal. Mas isso não se dá sem ambivalências. A todo o momento, eles serão checados, interrogados, desafiados, afrontados para saber se sua pessoa é digna de "suportar" esse ideal a eles conferido. Esse fenômeno haveria de ser um *double bind* (duplo vínculo), que, ao mesmo tempo, diz tanto de uma pessoa real quanto de um mestre ideal.

Dada a ambivalência original em relação aos pais ou responsáveis, crianças e adolescentes tendem a reportá-la aos seus professores no *double bind* entre o real que são e o ideal que deveriam encarnar. Desse modo, sem que tenham qualquer controle sobre isso, docentes se veem tomados por uma relação impregnada de conflitos psíquicos que se originam nas relações primordiais dos pequenos. Os efeitos pedagógicos resultantes dessa relação, portanto, são bastante imprevisíveis e a transmissão – que é sempre uma transmissão de marcas simbólicas – jamais se dá integralmente.

Não é incomum que alguns docentes queiram decisivamente rechaçar essas relações conflituosas, suas contradições e as múltiplas demandas que lhe recaem dia após dia. Tentam sobreviver ilesos, mas à custa de deixar muitos alunos à deriva, abandonados, sem se responsabilizar devidamente por eles. Cada um encontra sua maneira de manter certa distância: autoritarismos, pouco envolvimento, apatia, rotinização, burocratização ou mesmo mimetização de comportamento dos estudantes a ponto de apagar a diferença geracional e se desimportar com o que se passa com eles.

Nessas circunstâncias, as avaliações formais podem se tornar instrumentos reais de poder, de controle ou de manipulação. Docentes tendem a utilizá-las para avaliar criticamente seu aluno. Todavia, o que está em jogo com essa avaliação é, na verdade, o seu próprio trabalho. A suspeita reina sobre a competência do professor ou da professora. Todas as exigências, demandas, confrontos, abandonos, julgamentos exteriores, podem vulnerá-lo e levá-lo ao sentimento de fracasso, culpa, impotência, constituindo uma real prova contra seu narcisismo. Acreditando-se responsável pela transmissão do conhecimento – e não pelo aluno como sujeito –, bem como pelos ideais pedagógicos que a sociedade ocidental lhe imprime, professores tendem a viver o fracasso como algo narcisicamente muito íntimo. A individualização de sua conduta pode ser a sua própria derrocada. Perde-se assim a chance de analisar sua profissão como pivô de diferentes demandas de múltiplas dimensões: pedagógica, social, administrativa, política, moral, intelectual, além da pessoal.

QUADRO 3

"A primeira tarefa do educador é, pois, a de procurar adaptar o aluno a situações semelhantes do mundo, sem nada lhe omitir a respeito de sua complexidade. É moldar no espírito da criança um instrumento espiritual – não se trata de um hábito novo, nem mesmo de uma crença nova, mas de um método e de um ferramenta nova – a fim de que ela possa compreender e conduzir-se. [...] Pois é justamente isso que nos falta do ponto de vista social: não se trata apenas de proporcionar à criança alguns conhecimentos novos a respeito das realidades e das instituições; esses conhecimentos não lhe adiantarão coisa alguma se não for criada ao mesmo tempo uma atitude *sui generis*, um instrumento de coordenação de natureza ao mesmo tempo intelectual e moral, válida em todas as escalas e adaptável aos próprios problemas."

(PIAGET, J. *Para onde vai a educação?* Rio de Janeiro: José Olympio, 1973, p. 85.)

É precisamente nesse sentido que o psicólogo Jean Piaget parece alertar os professores da importância da formação moral e intelectual, muito além da transmissão de conhecimento. Essa formação possibilitaria aos alunos analisar a complexidade dos saberes e da própria vida (Quadro 3). Às demandas múltiplas, então, múltiplos instrumentos! Mas não aqueles rotineiros e repetitivos fixados por um hábito ou modismo pedagógico, e sim instrumentos novos que permitam à criança e ao adolescente compreender tal complexidade e igualmente se conduzir nela.

INTERESSAR-SE PELO ALUNO

Seria possível ao professor e à professora de hoje praticarem uma formação moral, intelectual, de conteúdos e politizada sem se deixar abater pelas múltiplas demandas, burocratização e banalização de sua função, pela complexidade digital da vida contemporânea, pelo imperativo hedonista dos sujeitos à sua volta e, em consequência, pelo mal-estar que tudo isso pode acidentalmente lhes causar?

Em princípio, a resposta seria: não! Mas há uma saída que conseguimos avistar, pelo menos no que tange a Psicologia Educacional: trata-se do interesse pelo aluno como sujeito, como singularidade explosiva, como viva diferença. Eis uma orientação difícil de operar, impossível de conhecer pleno êxito, mas muito efetiva na formação moral, intelectual, pessoal e política de crianças e adolescentes do nosso tempo pós-moderno. Seria de fato uma atitude educativa, talvez mesmo um "instrumento espiritual", no dizer de Piaget, que se volte à singularidade da existência de cada um – de si e do outro.

Não se trataria de um interesse vulgar, comum, genérico, como acontece com objetos de consumo ou de necessidade cotidiana, mas de um interesse ao nível do desejo, como nos ensina Freud: um desejo como causa do próprio modo de existência do professor e da professora. Isso é querer ver o aluno, na condição de sujeito, pessoalmente se constituir, moralmente se formar, politicamente se emancipar e por suas próprias mãos se conduzir. Isso é não recuar diante da criança com problema, do adolescente exilado, do jovem estigmatizado ou de qualquer um que pareça estranho ao universo pedagógico, sendo, em razão disso, segregado. Mais do que incluir o diferente, que afinal todos somos, é interessar-se por ele, é fazê-lo causa do desejo de qualquer educador mediante a contingência radical de sua própria experiência.

Acolher e *acreditar* podem estar intimamente ligados ao desejo enquanto causa. A travessia educacional de todo sujeito não é algo simples, pior ainda para aqueles que se veem fora da trilha que o mestre abriu. Interessar-se por esse sujeito é apontar-lhe a trilha de volta ou buscar compreender o desvio que ele inventou. A função de apoio se torna, por assim dizer, operatória. Tal função não pode reduzir o estudante a um objeto avaliado segundo a trilha de um ideal pressuposto, e, sim, apoiá-lo verdadeiramente ao acolher aquilo que ele tem de mais singular.

É certo que "docentes não são formados para isso", como dizem, que os cursos de profissionalização, como os de licenciatura, não alcançam esse nível de implicação do desejo, mas, ainda assim, deve-se continuar a tentar, dar o primeiro passo, iniciar uma nova mirada para si mesmo e para o meio em que cada um, como docente, se vê inserido.

Dificuldades de aprendizagem, insucessos escolares, obstáculos pedagógicos, agressividades, violências, escárnios, afrontas, provocações de linguagem, desinteresse e apatia não deixam de compor essa dimensão subjetiva de muitos discentes. Tal dimensão sempre requer acolhimento ante a estigmatização, segregação e exclusão. Ou seja, acolher de fato mediante o empuxe pedagógico de *psicologização* e de *sobremedicalização* dos diferentes, seguindo certas tendências atuais de individualizar comportamentos e drogar sujeitos em razão de uma suposta melhor adaptação deles. A menos que estejam psiquicamente muito desorganizados, dissociados ou biologicamente comprometidos, que interditem seus próprios processos pedagógicos, não há porque medicá-los ou rotular psiquicamente seus comportamentos, reforçando de maneira aparentemente mais leve a estigmatização de que podem padecer.

Contra tais tendências, que haveriam de condenar as ações pedagógicas no âmbito educativo e escolar, devemos relembrar as expressivas contribuições do psicólogo Henri Wallon acerca das relações entre Psicologia e Educação: mais do que a primeira ciência ser tomada como normativa e a segunda, como aplicada, ambas seriam práticas e saberes complementares para auxiliar os docentes a compreender integralmente bebês, crianças, jovens e adultos como pessoas. Isso diz respeito ao afeto, à cognição, ao movimento e à formação política e moral que são componentes fundamentais para o desenvolvimento de alunos sob a responsabilidade de seus respectivos professores. Sob esse princípio walloniano, entendemos que o interesse

Psicologia Educacional

implicado não pode estar ausente na relação professor-aluno, uma vez ambos se encontrando em ambiente social e educativo que não estigmatize nem segregue.

Nesse sentido, reforçamos a ideia de que professores não podem negligenciar que a escola é também um lugar de exercício do interesse genuíno pelo outro, de acolhimento, de apoio, de compreensão e de desejo enquanto causa. Quem deseja acredita que é possível, que obstáculos podem ser superados. Ao se praticar uma pedagogia em que a singularidade do desejo é levada em consideração tanto quanto os conhecimentos a se transmitir, tem-se a chance de o interesse pelo aluno se converter em desejo de saber do próprio aluno por esse conhecimento e pela vida como um todo. O desafio vem sendo tornar os estudantes mais próximos dos professores e mais responsáveis pela sua própria construção do saber ao nível do desejo.

Mas como fazê-lo? Como levar os alunos a se animarem com o que é ensinado e ao mesmo tempo ter que lidar com birras, boicotes, apatias, excessos hedonistas, afrontas provocativas, podendo chegar à crueza da violência? Como encontrar a medida justa que permita estabelecer as coordenadas pedagógicas necessárias para a vida coletiva, com suas novas linguagens e virtualidades? Como operar tudo isso sem que cada insucesso do professor ou da professora seja convertido em perda de humor, desistência ou sofrimento?

Como já afirmamos neste livro, ambientes mais acolhedores devem compor a ordem do dia da ação de educadores e das instituições educativas. Interessar-se pelos alunos é apoiá-los, ajudá-los a inscrever suas diferenças, acreditar em suas capacidades ainda que inicialmente vacilantes, conceder-lhes a fala, o poder de se expressar, se afirmar, interagir e se manifestar. Exercícios criativos, dialogados e expostos, também ajudam a ativar o desejo de saber e, por conseguinte, o desejo pelo que é ensinado. O mundo virtual pode ser parceiro da sala de aula, a vida digital pode explorar territórios inéditos, o hedonismo em excesso pode dar lugar às descobertas e ao prazer de aprender conteúdos que dialoguem com interesses dos estudantes. Para isso, escapar da dupla armadilha se torna fundamental, seja a da cumplicidade educativa, que negaria as diferenças, seja a da repressão social, que fixaria o estudante à condição de vítima.

QUADRO 4

"Ensinar é confrontar-se com um grupo heterogêneo (do ponto de vista pessoal, atitudinal, de projetos, de capital escolar e cultural). [...] Significa, por vezes, reagir 'com grande precisão' perante situações imprevistas e 'sair delas' sem muitos prejuízos. É no melhor dos casos tirar partido do imprevisto para atingir o fim desejado. Significa agir rapidamente, com urgência, face a uma situação complexa, mal conhecida. A incerteza é permanente. [...] É saber exercer a profissão em condições muito diversas e saber-fazer face a públicos heterogêneos em estabelecimentos de ensino onde a segregação social não se tenha consumado."

(PERRENOUD, P. *Práticas pedagógicas, profissão docente e formação* Lisboa: Dom Quixote, 1993, pp. 25, 28 e 107.)

Sabemos como tem sido difícil ser professor de "grupos heterogêneos" em situações de incerteza (Quadro 4), que escape às armadilhas e, ao mesmo tempo, que atenda às demandas exteriores, ocupacionais e relacionais da profissão. Numa sociedade performática como a ocidental, que parece fascinada com certo *darwinismo social,* onde prevaleceria a instrumentalização dos laços sociais, o enfraquecimento do simbólico e a crescente virtualização imaginária de posições subjetivas, passamos a suspeitar que alguns docentes se encontram no epicentro desse fenômeno. Eles não escondem a sensação de terem sido deixados subjetivamente à própria sorte. De um lado, o estudante os lembra de que os excessos, ou seja, as satisfações sem interditos estão sempre na iminência de acontecer. Do outro, a sociedade, que poderia oferecer-lhes dispositivos institucionais impeditivos para regularem esses excessos, incita todos nós ao desregramento hedonista, ao consumismo sem limite, ao aparente mundo sem interdito.

Psicologia Educacional

O problema é que essa mesma sociedade determina ao professor e à professora que não compactuem com esse paroxismo, que limitem contraditoriamente os excessos que ela mesma incita. Transmitir marcas simbólicas, isto é, educar, requer sempre uma cota expressiva de interditos e renúncias. Uma sociedade mais hedonista, com crianças, adolescentes e jovens menos reprimidos, tem gerado para educadores obstáculos difíceis de superar, e uma culpa superegoica pode abatê-lo devido ao êxito não alcançado. Como alguns dizem, há em certos casos uma "paralisia profissional", pois, mediante essa incitação à satisfação ilimitada de nossas sociedades ocidentais, bem como a pouca ou nenhuma expectativa e interesse que se tem sobre os alunos, o fundamento do trabalho docente junto aos pequenos parece se esfumaçar. Para recuperá-lo, professores recorrem aos valores da tradição, da autoridade ou dos ideais, mas esses valores se encontram decididamente deslocados ou enfraquecidos em tempos de princípio relacional pouco estável da docência.

Em oposição a isso, acreditamos ser fundamental que formadores e gestores pedagógicos entendam que dificilmente conseguirão avançar sem que algo específico da prática e da subjetividade do professor e da professora seja recolocado no epicentro do debate. Repensar suas condições de trabalho, remuneração, relações com o saber e com a formação é essencial, mas, sobremaneira, precisamos auxiliar professores a recuperarem sua força moral ou "espiritual" para atuar em situações de incerteza e complexidade. Todo educador ou educadora realista sabe que não terá êxito com todos os alunos, que uma parcela deles não atingirá o esperado, independentemente do interesse depositado em cada um. Porém, sua força pessoal e arte de viver residem justamente em achar que o êxito virá para todos, achar que sabe o caminho e que, a cada nova turma, novo tempo letivo, novas relações, o ensino, o conhecimento, a formação moral, política e subjetiva chegarão para todos. É uma utopia, decerto, mas é sobre ela que cada educador, cada educadora, escreverá seu nome.

SUGESTÕES DE LEITURA

BERGER, I. Le malaise socioprofessionnel des instituteurs français. *Revue Internationale de Pédagogie*, 3, pp. 335-346, 1957.
Artigo seminal sobre o mal-estar de professores franceses do meio do século XX.

CODO, W. (org.). *Burnout, a síndrome da desistência do educador que pode levar à falência da educação.* Petrópolis: Vozes, 1999.
Uma das primeiras e mais referentes coletâneas sobre a síndrome de *burnout* aplicada à Educação.

CORDIÉ, A. *Malaise chez l'enseignant.* Paris: Le Seuil, 1998.
Livro de uma das principais profissionais de Psicanálise e Educação no mundo, que aborda o mal-estar docente.

ESTEVE, J. M. *O mal-estar docente*: a sala de aula e a saúde dos professores. Bauru: Edusc, 1999.
Livro tradicional do campo educacional e psicossocial, resultante de uma pesquisa de excelência realizada na Espanha nos anos 1980 acerca do mal-estar docente.

FREUD, S. O mal-estar na civilização. *Obras completas.* São Paulo: Companhia das Letras, 2010, v. 18.
Célebre livro do autor, reconhecido por diversas áreas do conhecimento, que aborda as causas do mal-estar em nossa cultura.

FREUDENBERGER, H. Staff burn-out. *Journal of Social Issues*, 30, pp. 159-165, 1974.
Artigo inaugural sobre o tema da síndrome de *burnout*.

PEREIRA, M. R. *A impostura do mestre.* Belo Horizonte: Fino Traço/Argvmentvm, 2008.
Livro que disseca a genealogia do conceito moderno de mestre e as causas do declínio de sua função na contemporaneidade.

PEREIRA, M. R. *O nome atual do mal-estar docente.* Belo Horizonte: Fino Traço/Fapemig, 2016.
Um estudo expressivo sobre as causas do mal-estar docente nos nossos dias.

PERRENOUD, P. *Práticas pedagógicas, profissão docente e formação.* Lisboa: Dom Quixote, 1993.
Livro tradicional do campo pedagógico e da formação de professores, que aborda a atual complexidade da profissão.

PIAGET, J. *Para onde vai a educação?* Rio de Janeiro: José Olympio, 1973.
Livro do célebre pensador da psicogenética, que reflete sobre a condição psicológica da função de professores.

RANCIÈRE, J. *Mestre ignorante:* cinco lições sobre emancipação intelectual. Belo Horizonte: Autêntica, 2002.
O autor aborda neste livro os pressupostos oitocentistas do filósofo francês Jacotot e a premissa de que todo mestre emancipador só o é ao ser ignorante.

WALLON, H. A formação psicológica dos professores. *Psicologia e Educação da infância.* Lisboa: Estampa, 1973, pp. 355-366.
O psicólogo estuda nesta obra a formação sociocognitiva e afetiva da criança e a importância da função docente para tal formação.

Psicologia Educacional: definição, história e problematizações gerais

OS MÚLTIPLOS NOMES DO CAMPO

Nos capítulos anteriores, tecemos uma rede de significações acerca do que compreendemos sobre o que significa Psicologia Educacional na perspectiva de sujeitos de nossos tempos, alinhada a teorias tradicionais e contemporâneas sobre o tema. A afirmação sobre o que conta e não propriamente o que definimos como Psicologia Educacional demonstra que o conhecimento não está pronto e acabado para ser reproduzido, mas sim que ele é histórico. Por ser histórico, ele é social e situado nas práticas culturais, sociais, familiares, escolares e não escolares, portanto, é fruto de produções coletivas que muitas vezes demonstram consonâncias e dissonâncias, contradições e descontinuidades próprias da construção de conhecimento da humanidade.

Como explicitação dessas consonâncias e dissonâncias, contradições e descontinuidades, temos os diferentes entendimentos dos psicólogos em relação ao que significa Psicologia no meio educacional e escolar expressos por meio de diferentes nomeações, a saber: Psicologia da Educação, Psicologia na Educação, Psicologia e Educação, Psicologia Escolar e Educacional, Psicologia Educacional e tantos outros termos.

Pensamos que todas essas nomeações pretendem, de um lado, desvendar a tensão entre o que se exige de produção de conhecimento científico dentro da Psicologia como ciência e o que se pode oferecer como conhecimentos, práticas e soluções para os problemas educativos, sejam eles escolares e não escolares. De outro lado, a adjetivação Psicologia Educacional, da Educação, Psicologia na Educação, Psicologia Escolar e Educacional explicita que este campo de atuação da Psicologia fica em uma zona intermediária entre as exigências epistemológicas (teoria do conhecimento psicológico) da Psicologia científica e sua ação prática no campo da Educação.

De alguma forma, o caráter aplicado da Psicologia científica está explícito nessas nomeações. Porém, há duas tendências em debate com compreensões diferenciadas do que seja o caráter aplicado da Psicologia à educação escolar e não escolar. Por sua vez, parece-nos que a nomeação Psicologia e Educação quer estudar as relações entre uma área e outra, procura resguardar as especificidades dessas áreas de conhecimento e reconhece a Educação como produtora de conhecimento científico, em diálogo com a Psicologia científica.

Estamos assumindo no título deste livro a nomeação *Psicologia Educacional*. O que isso significa? De um lado, mantém-se o caráter aplicado da Psicologia Educacional ao mantermos a adjetivação de qual Psicologia estamos falando. Por outro lado, há que se discutir esse caráter aplicado que vai além da simples aplicação do conhecimento psicológico científico aos fenômenos educacionais. Ou seja, a Psicologia Educacional deveria ser mais do que um campo de aplicação da Psicologia. Ela pode e deve gerar conhecimentos e saberes novos quanto aos processos e práticas educativas, tendo como base o que já se produziu tanto na Psicologia quanto na Educação. Mas isso não se dá sem que se levantem questionamentos e produzam conhecimentos específicos com objetivos, conteúdos e programas e investigação próprios.

126

Tal feito implica compreender que a Psicologia Educacional é um campo que abrange tanto fenômenos escolares quanto não escolares e não se diferenciaria, nesse sentido, da Psicologia da Educação. Entretanto, a chamada Psicologia Escolar refere-se a um campo de atuação bastante específico da Psicologia em diferentes contextos ditos escolares. Pensamos, então, que a própria Psicologia Educacional demonstra ser mais abrangente, incluindo, não obstante, a Escolar. Não queremos reproduzir a cisão histórica entre teoria e prática em todas as áreas do conhecimento por influência de estudos estadunidenses. Portanto, ao adotarmos a nomenclatura Psicologia Educacional estaremos nos referindo tanto à produção de conhecimento teórico-metodológico quanto ao campo de atuação de muitos psicólogos e pedagogos.

Para isso, necessitamos conhecer as origens e transformações da Psicologia Educacional que tem como objetivo produzir melhorias no campo do ensino, do desenvolvimento infantil, juvenil e da aprendizagem dentro e fora das escolas. Isso se expandiu ao se aplicar os conhecimentos psicológicos aos fenômenos educativos não escolares e o diálogo com outras áreas de conhecimento se fez presente na Educação a partir dos anos 1950, no mundo e no Brasil.

Recentemente, esses estudos vêm adotando como foco os sujeitos que participam desses espaços e tempos educativos – bebês, crianças, jovens e adultos – estudantes e professores. Dessa forma, a ideia central foi abordar neste livro, de acordo com as temporalidades da vida, os sujeitos contemporâneos ou os modos de subjetivação que ocorrem em ambientes educativos de nosso século, sejam escolas, creches, centros socioeducativos e demais instituições educacionais voltadas a bebês, crianças, adolescentes e docentes.

Os sujeitos do século XXI, como dissemos, são bastante diferentes daqueles dos séculos precedentes. Isso reforça nosso princípio de que não nascemos humanos, mas nos humanizamos no curso das relações sociais e culturais com outros humanos, num processo de transformação social situado, inconcluso e inacabado.

Com esse princípio, explicitamos nas páginas anteriores como os sujeitos e suas interações constituíram e constituem os objetos de estudos da Psicologia Educacional. Entendimento que se transformou ao longo dos anos de uma história que vem tendo centralidade no que se produziu na Europa e Estados Unidos, e que por ser social e situado precisa ser estudado do ponto de vista do que já se produziu e vem sendo produzido no Brasil.

Para entendermos a história da Psicologia Educacional no Brasil é preciso remontar à história da constituição da Psicologia como ciência, que data dos conhecimentos filosóficos que fundam as correntes empirista e racionalista e dão origem ao pensamento ocidental do que seja ser humano, mundo, natureza, influenciando fortemente o que se concebe como ciência e, portanto, como Psicologia científica. A história brasileira da Psicologia Educacional não está descolada da história dessa área de conhecimento na Europa e nos Estados Unidos. Em todo o mundo, podemos dizer que a Psicologia se constituiu como ciência em estreita relação com a Educação; esta foi o primeiro pilar de atuação e produção de conhecimento da Psicologia. Uma não existiria sem a outra. Entretanto, antes de ser uma ciência, sobre a Psicologia recaem as ideias filosóficas que enfatizam o estudo da psique (da alma) e a Filosofia empírica.

Essas correntes filosóficas racionalista e empirista, respectivamente, fundam o pensamento ocidental e influenciam todas as áreas do conhecimento. Elas estão em constante debate, uma negando os pressupostos da outra e procurando definir o que se concebe como ser humano. O racionalismo parte do pressuposto de que as estruturas mentais são pré-formadas, a razão é inata e essas estruturas não têm gênese, não sofrem transformações ao longo do desenvolvimento infantil, a herança genética é a grande responsável pelo desenvolvimento das pessoas e define inteligência e aptidões, enfim, o que a pessoa será quando crescer. O empirismo, ao contrário, defende que a mente é uma página em branco ao nascermos, que nela serão impressas as experiências vividas no meio ambiente e elas fazem a aquisição da inteligência, das aptidões, enfim,

Psicologia Educacional: definição, história e problematizações gerais

somos produtos do meio em que vivemos. Essa polarização entre uma corrente e outra tem profundas consequências e raízes na formação do pensamento psicológico, pedagógico e de outras áreas do conhecimento quando no final do século XIX se separam da Filosofia, para constituírem-se como ciência na Alemanha, França, Inglaterra e Estados Unidos. Apesar dessas diferenças, tais correntes filosóficas guardam semelhanças quanto à ideologia do ser humano como abstrato e universal, que segue um caminho linear e progressivo de evolução das espécies. Somos humanos desde o nascimento, o biológico nos define como humanos e como seres individuais que se socializam.

A partir dos anos 1920-1930, questionamentos dessas visões de mundo do racionalismo e do empirismo ganharam força e outras correntes psicológicas começaram suas estruturações, tendo como seus representantes de relevo: Jean Piaget (1896-1980), Lev S. Vigotski (1896-1934), Henri Wallon (1879-1962) e Sigmund Freud (1856-1939). Como se pôde notar, esses foram nossos principais interlocutores nos capítulos precedentes.

Mesmo esses interlocutores desenvolvendo questionamentos em relação ao empirismo e racionalismo, ainda guardavam diferenças ideológicas quanto à concepção de mundo, de ser humano. Por exemplo, para muitos, Piaget não parece romper com a visão de ser humano universal, abstrato, individual, que se socializa e desenvolve linear e progressivamente. Quem teria feito essa ruptura seriam Wallon e Vigotski, como discutido nos capítulos anteriores. Mas há tanto controvérsias sobre tais afirmações quanto convergências entre esses e outros autores, o que nos possibilitou estabelecer um diálogo entre eles e os sujeitos de nosso estudo. Para que pudéssemos escrever as páginas deste livro, foi preciso revisitar a história da produção do conhecimento da Psicologia Educacional no Brasil e no mundo. Entretanto, escolhemos apresentar aqui com mais detalhes a história brasileira, por ser menos conhecida do que a história dessa área do conhecimento na Europa e Estados Unidos – embora não se possa fazer esta discussão sem nos referenciarmos à história mundial da Psicologia Educacional.

129

CONSTITUIÇÃO HISTÓRICA DA PSICOLOGIA EDUCACIONAL NO BRASIL

QUADRO 1

As relações entre Psicologia e Educação no Brasil passa pelos seguintes períodos:

1. Pré-institucional – colonial
2. Institucional – século XIX
3. Autonomização – 1890-1930
4. Consolidação – 1930-1962
5. Profissionalização – 1962 em diante

(ANTUNES, M. A. M. Psicologia e Educação no Brasil: uma análise histórica. In: AZZI, R.; GIANFALDONI, M. H. T. (orgs.) *Psicologia e Educação*. São Paulo: Casa do Psicólogo, 2011. Série Abep Formação.)

No Brasil, portanto, essa história tem raízes na colonização portuguesa, na educação dos jesuítas de 1549-1759, que faziam uso de conhecimentos psicológicos – como o papel dos jogos, os estudos sobre a família e desenvolvimento e aprendizagem infantis – em seu projeto de educação para o nosso país. Havia a defesa de não incluir as mulheres indígenas na educação formal, porque elas eram consideradas inferiores, em comparação com as mulheres portuguesas – e neste mesmo período surgem críticas a essa concepção. O interesse era a dominação dos colonizadores sobre os colonizados, impondo-lhes sua cultura por meio da educação formal, língua portuguesa e religião jesuítica. Esse processo de aculturação dos indígenas sofreu duras críticas e, em 1759, a Companhia de Jesus foi expulsa do Brasil por Marquês de Pombal, instaurando-se o ensino laico sob influência do iluminismo, que se fortaleceu no período Renascentista e cuja crença no poder de conhecimento humano cresceu contrapondo-se à crença no conhecimento divino. Assim, as aulas presenciais e a figura do professor passaram a ser centrais na educação de nossas crianças.

Psicologia Educacional: definição, história e problematizações gerais

A educação do período colonial era baseada na punição, na correção e adaptação dos chamados "desajustados", "desviantes", "defeituosos", "retardados escolares" e "atrasados pedagógicos" e "retardados mentais". Essa perspectiva educativa ganhou ares científicos com a criação de um método educacional que pretendia adaptar os chamados "idiotas" e solucionar seus problemas comportamentais. Criada por Séguin, médico e educador francês, com o objetivo de corrigir os desvios mentais e intelectuais dos estudantes, a metodologia teve grande aceitação nos Estados Unidos no período de 1850-1880. Seu sistema adotava os princípios higienistas (higiene do corpo, da moral e social) e adaptativos para educar e ensinar essa parcela desviante do comportamento esperado pelas escolas nos Estados Unidos.

Essa concepção organicista ganhou forte adesão no século XIX, período de 1890-1930 e 1930-1962, com base nos conhecimentos médicos trazidos pela Corte portuguesa, que então criou as Faculdades de Medicina da Bahia e do Rio de Janeiro, em 1832. Nessa época, foram abertas as Escolas Normais, que ensinavam sobre desenvolvimento infantil, aprendizagem e métodos de ensino, formando as normalistas para atuarem como professoras das crianças do hoje ensino fundamental. Essa formação era feita pelos brasileiros que estudaram na Europa e trouxeram para o Brasil aqueles ensinamentos. As escolas normais de Fortaleza, São Paulo, Rio de Janeiro, Salvador, Minas Gerais foram de grande importância na formação de docentes da educação básica e tiveram como base os conhecimentos da Psicologia, contribuindo para o desenvolvimento tanto da Psicologia Geral quanto da Psicologia Educacional.

Esse início de aplicação da Psicologia aos processos educativos não configurou a Psicologia Educacional como uma área de conhecimento, pois foi somente no final do século XIX que podemos dizer de uma Psicologia Geral e de uma Psicologia Educacional (primeiro nome dado a esta área de conhecimento) como ciência separada da Filosofia. A Psicologia Educacional funda-se com base na Ortofrenia, que pretendia adaptar os considerados anormais às escolas e à sociedade, na

131

Puericultura, cujo interesse era compreender o desenvolvimento infantil. Dessas bases teórico-metodológicas, a Psicologia Educacional elaborou seus objetos de estudo, métodos de investigação, suas finalidades e seus conceitos principais.

Portanto, a fundação da Psicologia Educacional tem base na higienização dos corpos e mentes, de caráter clínico e curativo, dos problemas localizados nas crianças. Denota-se o movimento de biologização da sociedade, que instaura a íntima relação entre Psicologia, Educação e Medicina psiquiátrica e infantil. Cabe lembrar que a Psicologia Geral e a Educacional estavam ainda se constituindo como ciência, tomando emprestado conhecimentos da Medicina e da Biologia. Portanto, foi preciso estar em alerta para o uso de instrumentos como anamnese e diagnóstico, provindos da área da saúde, para conhecer e classificar as pessoas por meio de testes diversos. Isso porque no Brasil, a profissão de psicólogo tornou-se realidade apenas em 1962.

Dessa feita, o objetivo principal da iniciante Psicologia Educacional no Brasil era fazer diagnósticos das crianças classificando-as em normais e anormais por meio de testes que deram um caráter científico à classificação das salas e escolas especiais por parte de médicos, psicólogos e da influência da psicanálise, com os estudos e propostas educacionais de Artur Ramos e Durval Marcondes. Até aqui, a Psicologia Educacional se mostrava adaptativa, higienista, biologizante e classificatória.

Em meados dos anos 1920-1930, as influências europeias (alemás, francesas e inglesas) e dos Estados Unidos se fortaleceram nos meios psicológicos e educacionais no Brasil, mostrando sua cara positivista comtiana e experimental de Locke, Watson e Thornidke, principalmente, ao contribuírem com os quatro pilares dessa área de conhecimento: a Psicometria, a Psicologia das Diferenças Individuais, a Psicologia do Desenvolvimento e a Psicologia da Aprendizagem aplicadas à educação.

Nessa época, o Brasil passava por mudanças econômicas, políticas, sociais, de um país predominantemente rural para um país urbano, industrial, agroexportador. Nesse contexto, o movimento da Escola Nova, forjado na Europa, crescia no Brasil, um país em transformação socio-econômica que precisava de novos modelos de formação da população nas escolas, de formar um homem novo.

QUADRO 2

"[...] o escolanovismo baseava-se nessa ideia liberal de "mito da igualdade de oportunidades" que a escola pode oferecer, negando as diferenças de classe dadas pela constituição sociopolítica do capitalismo. O movimento de Escola Nova encontrou na Psicologia, através dos testes psicológicos e conhecimento sobre inteligência, maturidade e prontidão para aprendizagem, explicações para as diferenças individuais que culpabilizavam o sujeito pela sua condição e ocultavam as desigualdades sociais."

(BARBOSA, D. R; SOUZA, M. R. P. Psicologia Educacional ou Escolar? Eis a questão. *Revista Semestral da Associação Brasileira de Psicologia Escolar e Educacional*, 16(1), pp. 163-173, jan./jun. 2012.)

Assim, o movimento da Escola Nova difundiu a crença de que a educação deveria promover a igualdade social, que se acentuava no mundo e no Brasil; e ela encontra na Psicologia a fonte de sua aplicação por meio de testes de prontidão, inteligência, psicomotores, de personalidade, testes que retratam déficits cognitivos, essencialmente, traduzidos em explicação da não aprendizagem de alguns alunos. Os resultados desses testes culpabilizam as crianças por não obterem os *scores* esperados. Principalmente, alunos de classes populares ainda não familiarizados com a cultura escolar, que é a base da elaboração desses testes. A aplicação deles justifica-se pela centralidade do movimento da Escola Nova em conhecer os aprendizes e adaptá-los aos processos de ensino que têm em sua base a educação compensatória daquilo que "falta" aos estudantes, principalmente àqueles que são pobres, negros, indígenas etc.

O que interessava então à Psicologia Educacional desse período era compensar o que se julgava faltar aos aprendizes, aos "alunos problema", às "crianças problema"; era ainda conhecê-los por meio dos testes escolares e promover a compensação do que lhes faltava via Psicologia Educacional, Psicologia Especial, Psicologia da Criança etc.

A escola para crianças especiais com deficiência intelectual foi criada em 1925, inicialmente em Pernambuco. Nessa mesma época, sob a direção de Helena Antipoff, foi inaugurada a Escola de Aperfeiçoamento de Professores de Belo Horizonte. Essas escolas passam a ser fontes de produção de conhecimento e prática da Psicologia Educacional. Helena Antipoff fundou também a Sociedade Pestalozzi no Brasil, um trabalho educacional na Fazenda do Rosário que visava à formação de professores e ao atendimento às crianças deficientes e superdotadas. Antipoff, em 1930, retomou os questionamentos, mas não se deteve aos testes psicológicos para estudar estes perfis de crianças.

O primeiro estudioso brasileiro da Psicologia a questionar o uso de testes psicológicos foi Manoel Bonfim. Ele chamou a atenção para a constituição histórico-social-cultural do ser humano, mas não encontrou eco para seus questionamentos em 1920, tempo histórico e social situado fortemente na crença do ser humano como ser abstrato, universal, biológico e individual.

Nessa época, a nosso ver, Bomfim e Antipoff mostraram o caráter contraditório dessa realidade, apontando a faceta progressista e democrática desse movimento. Entretanto, a dominância ainda é a da concepção conservadora e tradicional da Psicologia aplicada à educação de base clínica, que vem sofrendo questionamentos desde a década de 1950 no Brasil e no mundo.

O foco, portanto, estava no indivíduo que se torna responsável por seu próprio fracasso ou sucesso, ou seja, na criança e nos seus familiares para justificar por que algumas crianças "não aprendem" e são vistas como "crianças problema", e outras como "anormais" que precisavam de tratamento específico – com diagnósticos de Transtornos Afetivos da Personalidade, Dislexia, Disortografia e Disfunção Cerebral Mínima (DCM), principalmente. Aqui, por influência da

Psicanálise, os transtornos afetivos entre familiares e professores e alunos podem ser vistos tanto como causa quanto como consequência dos transtornos escolares. Inicia-se uma crítica ao que acontece nas escolas, nas famílias e suas relações.

Isso parece proposital para a teoria da carência cultural entrar nos meios educacionais brasileiros na década de 1970, provinda dos Estados Unidos para justificar a não aprendizagem de pessoas negras e pobres, que muitas vezes são vistas como pertencentes a famílias desestruturadas por alguns educadores, psicólogos e médicos, no Brasil e no mundo.

A teoria da carência cultural defende que a educação das crianças negras, latinas e pobres nos EUA poderia ser compensada pelos ensinamentos escolares que representam uma classe social dominante, considerada superior à classe social à qual eles pertencem. Classe esta vista como mais pobre culturalmente falando porque as crianças sofrem de carência alimentar, de atenção por parte de seus pais, de carência linguística, o que lhes causa déficits, principalmente de inteligência. Caberia à escola promover a igualdade de oportunidades via conhecimento psicológico. O cérebro não é mais foco principal das justificativas para a não aprendizagem e para os comportamentos indesejados; agora a atenção está no psíquico – os déficits são agora cognitivos e não se reduzem ao indivíduo, mas referem-se a uma classe social. O diagnóstico de déficit de atenção é o foco desses estudos.

Essa concepção será posta em questionamento por muitos psicólogos que, junto aos profissionais de outras áreas do conhecimento como Sociologia, Antropologia e Linguística, produzem novos conhecimentos que abrangem os sujeitos e suas relações com os meios escolares e não escolares – já expressos nos capítulos deste livro –, deslocando a Psicologia como área do conhecimento central da educação nas escolas e fora delas desde os anos 1950, na Europa, e só mais tarde no Brasil, como veremos a seguir.

A profissionalização dos psicólogos no Brasil aconteceu sob esse movimento que dominava as relações entre a Psicologia e a Educação, em 27 de agosto de 1962. Em 1964, aconteceu o golpe de Estado que

Psicologia Educacional

instaurou a ditadura militar (1964-1985) em nosso país. Ocorre também a Reforma Universitária, em 1968, pelos Acordos MEC/Usaid, que resulta no aumento de cursos privados de Psicologia, com formação aligeirada.

Estamos nos referindo aqui à década de 1970, em que, no Brasil, a perspectiva clínica e experimental predominava na formação de psicólogos, contribuindo imensamente para a explicação do fracasso escolar como advindo dos problemas individuais dos estudantes e/ou de suas origens culturais. A tendência individualizante, biologizante, médica e clínica ganham *status* científico no Brasil e leva à exclusão de muitos alunos das escolas.

Somente na década de 1980, em nosso país, desloca-se o foco das "crianças problema", "anormais" para os processos educativos, assim como a Psicologia Educacional deixa de ocupar o lugar de centralidade para dialogar com outras áreas do conhecimento como a Sociologia da Educação. Aqui ocorre a curvatura da vara de uma concepção biológica e psicologizante para uma concepção marcadamente sociológica da educação. Essa virada traz a marca do determinismo sociológico para explicar os problemas das "crianças problema" e que não aprendem nas escolas. Surge, então, a crítica entre os educadores e pesquisadores tanto do determinismo biológico, psicológico, quanto do sociológico, com a intenção de pensar nos problemas educacionais de forma mais ampla.

Movidos pelas mudanças que estariam ocorrendo na Europa e nos Estados Unidos, as relações da Psicologia com a Educação começam a ser repensadas no Brasil com a denominação de Psicologia Escolar para se contrapor à Psicologia Educacional, vista, nesta época, como tradicional, de cunho médico, adaptacionista, discriminatório e biologicista, que serviu de base para práticas higienistas e compensatórias nas escolas.

A nascente Psicologia Escolar estabeleceu outras bases teórico-metodológicas para se compreender os processos de escolarização e suas relações com os contextos sociopolíticos, onde se situam e se formam, tendo como fonte principal a tese de doutorado de Maria Helena de Souza Patto, *Psicologia e ideologia: reflexões sobre a Psicologia Escolar*. Esse estudo foi um marco divisório entre a teorização e prática da Psicologia

136

Educacional e a nascente Psicologia Escolar, com mudanças quanto ao objeto de estudo/interesse, finalidades e métodos e técnicas de atuação no meio escolar. Nos tempos atuais, muitos teóricos e pesquisadores denominam-na de Psicologia Escolar Crítica.

A Psicologia Escolar Crítica fundamenta-se no princípio de que cabe aos psicólogos compreenderem os múltiplos fatores que podem originar a não aprendizagem, o que "não se aprende", e não centrar as explicações nas crianças individualmente, tampouco em suas famílias. Os processos de escolarização, os currículos, as relações entre professores e alunos, as relações entre escola e famílias, os métodos e metodologias de ensino, ou seja, as relações escolas, famílias e aprendizes devem estar em constante questionamento. Nesse sentido, a busca de soluções precisa ser coletiva, abrangendo psicólogos, professores, familiares e profissionais de outras áreas do conhecimento como a Sociologia, Antropologia, Filosofia e História, para contribuírem com a melhoria da qualidade da educação em nosso país.

Esse movimento levou à criação da Associação Brasileira de Psicologia Social (Abrapso) e, mais tarde, da Associação Brasileira de Psicologia Escolar e Educacional (Abrapee), na tentativa de rever os princípios da "antiga" Psicologia Educacional, agora associada à Psicologia Escolar sob outras bases teórico-metodológicas para contribuir com a democratização no Brasil. Esses movimentos que se fortalecem no século XXI dedicam-se a produzir conhecimento e atuações de psicólogos condizentes com as necessidades, os desejos e os interesses das classes populares que marcadamente estão nas escolas públicas brasileiras e em espaços socioeducativos.

O QUE REITERAMOS?

Apesar de tal movimento e associações terem crescido no Brasil, ganhado espaço nas atuações de psicólogos dentro e fora das escolas, o pensamento e a prática individual e biologizante encontra-se entre nós, haja vista a crescente onda de medicalização e patologização de crianças e adolescentes que "fracassam" nas escolas, ou seja, que não correspondem ao que se espera deles quanto ao comportamento, ao desenvolvimento e à aprendizagem.

As explicações para seus "fracassos escolares" recaem sobre os estudantes e sobre suas famílias, pobres, negras, indígenas, principalmente. As bases organicistas, psíquicas, dos transtornos afetivos da personalidade e a teoria do déficit/carência cultural dessas explicações convivem na atualidade com os questionamentos relativos aos processos de escolarização, à ideologia de medicalização e patologização da sociedade, à prática generalizada de diagnósticos médicos e psiquiátricos.

Do nosso ponto de vista, não há que se encontrar "culpados" individuais para o fenômeno do chamado fracasso escolar, mas sim compreender as relações dos estudantes com os processos de escolarização e socioeducativos vistos por nós como fontes de desenvolvimento. Não há que transformar um problema social, político e histórico em problema individual, psicológico ou médico. Não há que generalizar problemas escolares como individuais, diagnosticando crianças e adolescentes com doenças que vão levá-los ao uso indiscriminado de medicamentos para déficit de atenção, hiperatividade ou ansiedade, por exemplo. Essa prática de diagnóstico cristalizado está sendo exercida cada vez mais cedo, em crianças da educação infantil, à qual nos posicionamos contrariamente.

Esses diagnósticos são realizados por meio de testes psicomotores, testes de prontidão, testes de personalidade, de medida do quociente intelectual etc. Geralmente, os resultados desses testes são acompanhados de explicações do chamado "fracasso escolar", como apresentadas anteriormente.

Portanto, o que se vê é que a corda arrebenta do lado do mais fraco – bebês, crianças pequenas, crianças maiores, adolescentes, enfim, alunos e alunas. Neste livro, ao dialogarmos com esses sujeitos e suas relações com os processos de escolarização e socioeducativos, pretendemos quebrar essa prática de diagnósticos, de medicalização e patologização da sociedade.

Por fim, reforçamos a necessidade de se exercer uma prática inclusiva como psicólogos educacionais que vão às origens dos processos de escolarização e socioeducativos, que compreendem suas transformações e as relações entre estudantes, familiares, professores, sistemas educacionais e a sociedade como um todo. É fundamental entender as relações históricas e dialéticas entre o micro e o macro, entre individual e social, para se tecer conhecimentos novos e incluir as diferentes pessoas nas escolas e na sociedade em geral.

SUGESTÕES DE LEITURA

ANTIPOFF, H. Coletâneas das obras escritas de Helena Antipoff. In: *Psicologia Experimental,* vol. 1. Org. pelo Centro de Documentação e Pesquisa Helena Antipoff (CDPHA). Belo Horizonte: Imprensa Oficial, 1992.
Neste livro, as organizadoras apresentam pensamentos de Helena Antipoff sobre a Psicologia Experimental sob diferentes ângulos, sendo que o texto em questão aborda a importante contribuição da autora para este campo de atuação.

ANTUNES, M. A. M. Psicologia e Educação no Brasil: uma análise histórica. In: AZZI, R.; GIANFALDONI, M. H. T. (orgs.). *Psicologia e Educação.* São Paulo: Casa do Psicólogo, 2011. (Série Abep Formação).
Texto seminal sobre a História da Psicologia Educacional no Brasil.

BARBOSA, D. R; SOUZA, M. R. P. Psicologia Educacional ou Escolar? Eis a questão. *Revista Semestral da Associação Brasileira de Psicologia Escolar e Educacional*, 16(1), pp. 163-173, jan./jun. 2012.
Texto muito importante para compreender as relações entre Psicologia Educacional e Escolar no Brasil.

CAMPOS, R. H.; QUINTAS, G. A. Ensinando psicologia para educadores: a perspectiva de Helena Antipoff (1930-1987). In: NASSIF, L. E.; NUNES, M. T. *Formação de professores:* diálogos com a experiência antipoffiana. Belo Horizonte: CDPHA/Editora PUC/Minas, 2008. (Coleção Encontros Anuais Helena Antipoff.)
Outra vez, a perspectiva de Helena Antipoff vem nos ajudar a compreender o papel da Psicologia na formação de docentes.

GOMES, M. F. C. *Chico Bento na escola*: um confronto entre o processo de produção de "maus" e de "bons" alunos e suas representações, 1995. Dissertação (Mestrado) – Belo Horizonte: Faculdade de Educação, UFMG.
Este estudo aborda o tema da inclusão/exclusão dos diferentes alunos e faz um resgate histórico das diversas explicações para o "fracasso escolar" daqueles considerados "maus" alunos pelos educadores.

MOYSÉS, M. A. A; COLLARES, C. A. L. Mais de um século de patologização da educação. *Diálogos em Psicologia*, 1(1), 2014, pp. 50-64. Disponível em: https://revistaforum.unifio.edu.br/index.php/forum/article/view/21. Acesso em: 14 jun. 2022.
Texto muito importante para compreender a produção do "fracasso escolar" e suas relações com a patologização da educação.

SALVADOR, C. C.; MESTRES, M. M; GOÑI, J. O; GALLART, I. S. *Psicologia da Educação*. Porto Alegre: Artmed, 1999.
Este livro aborda a Psicologia da Educação do ponto de vista histórico, no mundo, na Catalunha e no Estado Espanhol. Discute também a origem dos objetos de estudo e da atuação da Psicologia da Educação na contemporaneidade.

Os autores

Maria de Fátima C. Gomes é psicóloga e doutora em Educação pela Universidade Federal de Minas Gerais (UFMG), com estágio doutoral na University of California, Santa Barbara. Realizou pós-doutorado no Instituto de Estudos da Linguagem da Universidade Estadual de Campinas (IEL/Unicamp). É bolsista de produtividade em pesquisa do CNPq e professora titular da Faculdade de Educação da UFMG. É líder do Grupo de Estudos e Pesquisa em Psicologia Histórico-Cultural na Sala de Aula (GEPSA) e membro do Grupo de Estudos em Cultura, Educação e Infância (EnLaCEI). Realiza pesquisas na perspectiva da Psicologia Histórico-Cultural e da Etnografia em Educação sobre bebês e crianças pequenas, formação superior de professores, formação continuada de professores da educação básica, dificuldades do processo de escolarização, sucesso e fracasso escolar, interação, etnografia da sala de aula, afeto-cognição social situada-culturas-linguagens em uso, tendo publicado diversos livros no seu campo de atuação.

Marcelo Ricardo Pereira é psicólogo pela Pontifícia Universidade Católica de Minas Gerais (PUC-Minas), psicanalista pela Escola Brasileira de Psicanálise (EBP) e Estados Gerais da Psicanálise (EGP) e doutor em Psicologia e Educação pela Universidade de São Paulo (USP), com estágio doutoral na Université Paris 13. Realizou pós-doutorado em Psicologia Escolar, Psicopatologia Clínica e Psicanálise pela USP e Aix-Marseille Université, e em Teoria Psicanalítica e Educação Social pela Universidade Federal do Rio de Janeiro (UFRJ) e Universitat Oberta de Catalunya (UOC). É bolsista de produtividade em pesquisa do CNPq, pesquisador mineiro da Fapemig e professor titular da Faculdade de Educação da Universidade Federal de Minas Gerais (UFMG). Possui diversos livros publicados sobre seus temas de estudo: psicanálise, educação e política para o mal-estar docente, a adolescência e a socioeducação.

GRÁFICA PAYM
Tel. [11] 4392-3344
paym@graficapaym.com.br